# 九州の建築家とつくる家 3

建築ジャーナル [編]

A House You Build with an Architect in Kyushu: How to Enjoy Creating Your House

## 住まいづくりを楽しむために

建築ジャーナル

## はじめに

家づくりは人生最大のイベントです。
限られた予算のなかで、あれもしたい、これもしたいと、
望みは数限りなく出てくるもの。
そこで重要なのは、誰に頼むか、です。
あなたがもし、本当にすみずみまで自分の考えが反映された
納得のいく家をつくりたいと考えるなら、
そのとき最も頼りになるのが、「建築家」です。
「建築家に頼むと、設計料の分だけ高くなる」といわれますが、
たとえばハウスメーカーでは、工事費の中に設計料が含まれ、
しかも建築主の立場で工事を監視する機能がほとんど存在しません。
建築家はプロの目で工事現場をチェックし、
手抜きや不適切な工事を未然に防ぎ、建築主の利益を守ります。
トータルに考えると、結局、建築家に頼んだほうが安くあがる場合が多々あります。
終始、建築主の考えによりそい、それを限られた予算のなかで
最大限に実現するのが、建築家の役割なのです。
本書では、九州で活躍する建築家21人と
彼らが建築主とつくりあげた代表的な住まいを紹介しています。
建築家の考え方や趣味など、人間像にも触れています。
このなかから、あなたの家づくりに
最も合ったパートナーを見つけてください。

目次

建築家は家づくりの最初から最後まで、建て主であるあなたとともにあります。
家づくりに携わる建築家は「あなたらしい住まい・生活をかたちにする」ことに、心を砕きます。
また、あなたとの会話などから、個性や普段の暮らしについてヒントを得て、
要望以上の提案をしてくれるのも建築家ならでは。
建築家が設計するのは、あなたや家族のために考えられた唯一無二の家です。

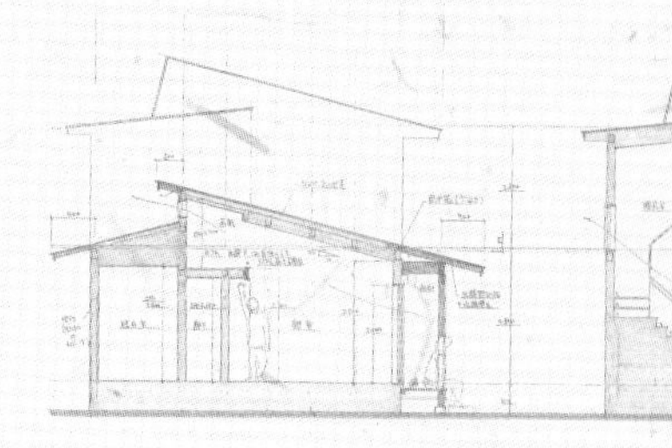

# 建築家との家づくりのすすめ

建築家に依頼するべき

# 5つの理由

## 1 あなたの代理人である

家をつくるのは建て主であるあなたです。

でも、家づくりを一人ですべて行えるなんていう人はかなりまれなはず。

専門知識と経験をもつ建築家は、家づくりにおいてあなたの代理人になります。

工事関係者から直接話を聞いても「良い・悪い」の判断が難しい専門的な内容も、建築家があなたに代わって交渉や指示を行ってくれますので、安心して家づくりに取り組めます。

## 2 「設計」とともに重要な「監理」という役割をもつ

家づくりにおける建築家の仕事は大きく分けて二つです。

一つは「設計」作業。

設計図を作成するのはもちろん、施工者である工務店と交渉して、予算内で収まるように工事費を決めることも設計作業のうちです。建て主であるあなたの要望が多いために予算がオーバーしたり、設計条件に矛盾が生じるような場合は、優先順位を一緒に検討し、納得がいくように調整していきます。

もう一つは、設計図通りの材料や構造で工事が行われているかをチェックし、問題があれば手直しを指示する「監理」という仕事です。

あなたと建築家が共有してきた「わが家への思い」を現場の大工や職人に伝える役割もあります。これは設計から監理まで一貫してかかわる建築家だからこそ可能なことです。

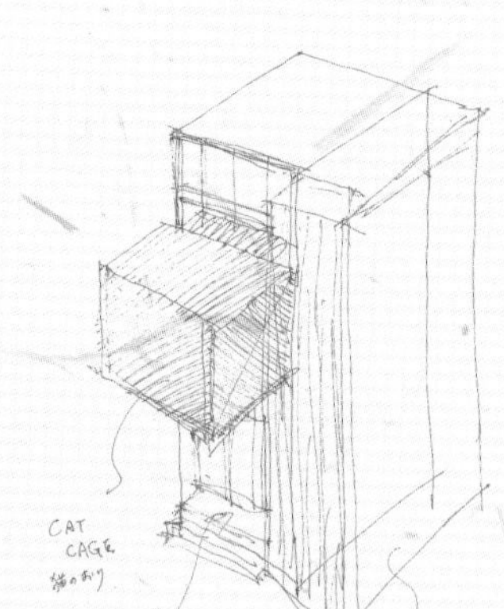

## 3 設計料を明確に提示

「設計料って本当に必要なの？」と感じる人もいるかもしれませんが、設計料がかかっていない家はありません。むしろ、設計料がかからないような設計をしているのなら、それはプロの仕事とは言えず、疑いをもつべき。

ハウスメーカーや工務店との家づくりで「設計料がかかりません」というのは安さを強調するための営業トークで、多くの場合、工事費に含めて計上されています。

法律で設計に関する契約を義務化し、あいまいになっている設計料を明確化しようという動きもあります。すでに、一定面積（300㎡）以上の住宅では義務化が始まっています。

監理もしっかり！
週1～2回
現場も見ます！

設計・監理料は工事費の10%です

## 4 あなたの家だけで完結するお金の流れ

建築家とつくる家では、建て主であるあなたの支払ったお金があなたの家のためだけに使われます。

「え？　当たり前じゃないの」とお思いでしょうか。

しかし、大手ハウスメーカーでは支払ったお金の一部が、営業マンの給料、CMなどの広告宣伝費、住宅展示場の維持費などに充てられています。

「建築家に設計を頼むとコストが高くなる」というのは、誤った認識。

建築家は総予算を踏まえながら家づくりにかかるコストを管理します。

同じ金額をかけて家をつくるなら、どちらがよりよい住宅になるかは明らかですね。

## 5 人生を豊かにする

正直なところ、「建築家との家づくり」は大変です。

あなたの家だけのために、何もない0の状態からデザインしていきます。そのため、ハウスメーカーを利用して、ある程度用意されたカタログから組み合わせを選んで家を建てる方法よりも、時間も労力もかかります。

建築家が「わたしたちと家をつくる建て主は、時間をかけて考え、生活を大切にするすごい人たち」と言うほどです。大変な家づくりを成し遂げたという経験は大きな財産となるでしょう。

自分の家について考えることは、自分の、そして家族の生活を考えること。時間をかけて、自分と向き合い完成したわが家での生活を通じて、人生はきっとより豊かなものになるはずです。

がんばって
よかった!!

# 建築家ならではの家づくり提案

建築家は建て主とのさまざまな対話を通して、その思いを最適な方法で叶えようとするばかりでなく、建て主が意識していなかったようなプラスαの提案を盛り込みます。ここでは、そんな建築家ならではの、ハウスメーカーには真似のできない、家づくりについての「プラスα」の提案を紹介します。

福岡

## 部屋はできる限り区切らないこと

**矢作昌生**｜矢作昌生建築設計事務所

吹き抜けを設けたり一室的な間取りにしたりすると、「夏暑く冬寒いのでは?」「空調が効かないのでは?」と聞かれます。確かに小さな部屋の方が空調は効くので一理ありますが、廊下やトイレ、洗面所や浴室に行くと温度差が出て、ヒートショックの原因になるのでお勧めできません。

自邸では魔法瓶のごとく外気に面する部分を徹底的に高断熱仕様にしました。その効果で冷暖房を使う時間が大幅に短くなり光熱費もかなり抑えることができました。エアコン暖房は上から暖気がきて乾燥するので苦手です。1階では深夜電力を利用して土と基礎を蓄熱体にする床暖房を採用しました。朝8時に電源が切れますが、雪の日も夜まで快適です。2階では薪ストーブを採用しました。遠赤外線効果で体の芯まで温まります。我が家は3階の寝室や子供室まで一室空間なので、寝る前にシーリングファンを切るとLDKの暖気が上がり冬でもポカポカです。つまり部屋はなるべく区切らない方が快適になるのです。

上／薪ストーブのあるLDK
下／北欧の薪ストーブHWAM Classic 4。上のオーブンでグリル料理ができる

福岡

## 暖炉設置について悩んでいる方へ

**大場浩二郎**｜アトリエスクエア1級建築士事務所

プレーンなインテリアに合うモダンな暖炉（撮影：輿水 進）

壁の石や天井の木と暖炉の組み合わせで素材の持つ質感が互いに引き立つ

暖炉を希望するのは大抵ご主人です。奥様はそれほど欲しいという感じではない方が多いようです。プラン当初は「頑張って実現させましょう」と話しは進みますが、計画を進める内に少しずつ全体の予算が厳しくなって、いよいよどこかを諦めるときに、減額対象として最初に挙がることが多いのがご主人希望の暖炉の設置です。設計側としてもかなり金額が下がるので候補に挙げやすいことも事実です。

ところがある住宅の計画で、他を減額しても暖炉は必ず実現させようと頑張られたご夫婦がありました。完成後お呼ばれしたら、暖炉の暖かさはもちろんですが、料理好きな奥様が暖炉のおき火で焼いたアップルパイや鳥肉のおいしさに気づきました。それ以降、暖炉の良さは家を暖めるだけでなく、観て楽しく、料理も楽しめることを奥様に説明するようになって、暖炉が減額の対象に挙がることが少なくなり、暖炉のある家を設計する機会がふえました。

設計者としては建物を完成し手渡すだけでなく、使った後の意見や状況をヒアリングして次の設計に反映させることがとても重要だと思います。

## 熊本　軒をできるだけ出す

堺 武治｜一級建築士事務所 堺武治建築事務所

最近、軒が全く出てない四角い家をよく見かけます。せめて窓の上だけでも庇を設置したらいいのにと思うんですが、それすらもありません。デザインは大切ですが、あまりにも機能をないがしろにしている気がします。深い軒が出ている場合、①雨の日に窓を開けることができます。特に梅雨の長雨の時は、窓が開けられると助かります。②外壁が汚れにくくなります。直接雨が掛らないからです。③雨漏りもしにくくなります。④夏冬の日差しの調整が可能です。軒を出すということは、その分コストは掛かりますが、長く住む家ですので、コスト以上の効果が期待できると思っており、最近設計する家では、できるだけ深い軒を出す提案をしています。

写真の家は、定年退職後に新築されたご夫婦の家で、晴耕雨読をテーマにした家です。深い軒を出しており、夏冬の日射調整だけでなく、晴れの日は食材を干したり、雨の日でも外で読書ができたり、洗濯物も干せるので喜ばれています。深い軒はお勧めです。

外壁に直接雨が掛らないため、家が傷みにくい

深い軒下空間は、多目的に利用が可能

## 福岡　緑を楽しむ家づくり

梶垣 宏｜梶垣建築事務所

緑が身近にある住まいは暮らしを豊かにしてくれます。玄関に至るアプローチに趣ある佇まいの植栽が施され、室内から四季折々の緑を眺めることができれば、住宅の価値は一層増すことでしょう。

緑は暮らしに彩りを与えるだけでなく、道路や隣地への視線を遮る緩衝帯となり、厳しい日射を和らげる効果があります。建物際に植えられた自然樹形の落葉樹と吟味された下草や、中庭のような閉じられた空間の木立は、夏は木漏れ日、冬は陽だまりをつくり、住まいと植物が一体となるような風景を生み出します。

住宅の配置や間取りを計画する段階で、緑や外部の景色をどのように見せるかイメージし、空間構成や窓の大きさ、高さを検討することで、より魅力的な家づくりになります。道路際の限られたスペースを柔らかな植樹帯として仕立てれば、近隣や通行する人々にも楽しんでもらえ、街に潤いをもたらすと思います。

右／趣のあるアプローチの下草
左／新緑の季節が楽しみな庭づくり

## 宮崎　明るさと暗さ

河野秀親｜レモン設計室

住まいの中の光はとても重要です。特に夜の明かりは生活する上で安らぎや温もりなど雰囲気づくりにとても重要な意味を持ってきます。

クライアントからの注文においてただ単に明るくして下さいという要望がありますが、果たして明るいだけの照明で落ち着いた生活ができるでしょうか?

例えば炎天下の日陰のない空間より木漏れ日のある木陰の下の方がはるかに気持ち良い空間になるはずです。空間の豊かさを醸し出すためには明るいところと暗いところが混在する方がはるかに落ち着いた空間になります。住まいの中において蛍光灯の光だけとか、直付けの照明では、ただ明るいだけで落ち着いた部屋とは言えません。ダウンライトの光やペンダント、ブラケット灯、スポットライトなどさまざまな形状の照明器具や光の色、光をコントロールすることで、食事をより美味しく楽しむことができたり、落ち着きのあるリビング空間を醸す出すことができるのです。明るいと明るさ、暗いと暗さは違います。

心地よい明るさ、暗さのある住まいづくりをしていただきたいです。

上／自然光と爽やかな風を感じる光庭の空間
下／多様な照明と自然光を組み合わせた食堂の空間

# 建築家とつくる家づくりの流れ

## 気になるスケジュールとお金の支払いタイミング

さあ、建築家との家づくりを始めましょう！
そこで気になるのは、かかる「時間」と「お金」。
せっかくの楽しい家づくりも、流れがわからないと不安なもの。
ここではそんな不安を少しでも解消するために、
家づくりのスケジュールとお金の支払いタイミングをまとめました。
わからないことがあれば、遠慮せずに
心強いパートナーである建築家に相談しましょう。

START

大きな支払いは
**建築家に支払う「設計・監理費」**
**工務店に支払う「工事費」**
の2種類
しかし、そのほかにかかる雑費も
ばかにならないので、しっかり計算しましょう

**まずは理想の建築家を**
**みつけましょう**

### 1 情報を集めよう

雑誌やインターネットで感性の合いそうな建築家を探してみましょう。
建築家が手掛けた家を見学できるオープンハウスも、設計した空間と建築家の人となりに触れることができるのでお勧めです。

### 2 建築家に会いに行こう

感性の合いそうな建築家を1～3人に絞り込んだところで、メールや電話でコンタクトを取り、実際に会いに行ってみましょう。
家づくりを楽しむためにも、スケジュールに余裕をもつことをお勧めします。
建築家と住まいや暮らしへの思いを語り合い、価値観が近いと感じられる建築家を一人に絞ります。

［**費用**］ 基本的に初回面談は無料

### 2′ 土地探し

土地が決まっていない場合は、建築家との土地探しがお勧めです。
一見して難しいと思われる敷地でも、建物のプラン次第では長所や魅力に変えることもできます。また、建築費と土地代をトータルで考える上でも、建築家と一緒に土地を探すことが無理のない家づくりを可能にします。

［**土地代のほかにかかる費用と注意点**］

● **敷地調査費**
正式な測量図がない場合に発生します。広さと状況によりますが5～30万円程度必要。法規によって希望の家が建てられない場合もあるので、土地購入前の調査をお勧めします。

敷地に家が残っている場合

● **解体費**
敷地に既存建物がある場合に発生します。住宅であれば3～5万円／坪（構造による）程度。

● **建物滅失登記費**
建物を取り壊したことを登記所に申請する建物滅失登記が必要です。登録免許税はかからず自分で行うことも可能。土地家屋調査士へ依頼した場合、報酬として3～5万程度かかります。

土地を新しく買う場合

● **仲介手数料**

● **地盤調査費**
地盤調査は必ず行う必要があります（2000年より義務化）。調査費は5～15万程度。改良の必要がなければ、地盤保証を3万円ほどで付けられます。地盤調査により改良が必要となった場合は、工事の内容次第で50～200万円以上の費用がかかることも。

## 3 プレゼンテーション

プランを提案してもらいたいと思ったら、条件を伝えてプレゼンテーションしてもらいましょう。
これまでその建築家が設計した家を見せてもらうのもいいでしょう。

〔費用に関する注意点〕

建築家によって、プレゼンテーション前に設計契約を結ぶところ、現地調査をして実費有料で行うところ、簡単なプランのみで無料のところなどいろいろありますので、確認してから依頼しましょう。真剣に取り組んでいるので当然ですが、契約に至らない場合でも実費を請求される場合があります。むやみに何人にも頼むのはやめましょう。

**ここからは じっくりと「家のカタチ」を 決めていきます**

**1カ月目**

## 設計・監理契約

（約1カ月間）

提案された案が気に入ったら、設計・監理契約を結んで、基本設計に進みます。
建築家賠償責任保険に加入しているか、支払い条件や作業の範囲などを確認しておきましょう。また、監理も大事な仕事の一部ですので、どのくらいの頻度で見てもらえるかも確認します。

〔費用〕

● **設計・監理契約手付金**
契約の際には手付金として設計監理費の10～20%程度を支払うことが多いです。

● **ローン申込書類の代金**

● **つなぎ融資申込費用**
住宅ローンが実行されるのは住宅が完成してからです。しかし、支払いは完成前から発生します……。その間をつなぐのが、つなぎ融資です。利用する場合は、つなぎ融資の利息、ローン事務手数料などが必要。通常は住宅ローンでまかなわれます。

▶ **チェックポイント**

### 支払い時期を確認しよう！

設計・監理契約を結ぶ時期は、プラン提案前・プラン提案後・基本設計後など、建築家により異なります。一般的な設計監理費の目安は、本体工事費と別途工事費合計額の10～15%程度。最低設計料を設定しているところもあります。これを3～6回程度に分けて支払うのが一般的で、契約時に支払い時期も決めます。

**2カ月目**

## 基本設計

（約2カ月間）

建物の骨格を決めていきます。希望や疑問点は建築家にすべて伝えましょう。図面だけでは理解できないことも多いので、模型やスケッチ、事例写真などを提示してもらって、できるだけ具体的に、住まいと暮らしのイメージを共有していきます。建築家は、建て主の希望を聞きつつ、現実的な予算、法的な制限の確認、敷地や環境への配慮、構造・規模などを検討し、実際に建てるにはどうしたらよいかを精査していきます。

〔費用〕

● **設計・監理費**（2回目）
基本設計完了時、設計監理費のうち30%程度を支払います。
※上記は一例。設計事務所により異なる

**約3カ月目**

## 実施設計
（1−3カ月間）

プランと外観が決まったら、実施設計に進みます。
建築家は工事に必要な図面を描いていきます。この時期に、使用する素材の選定、照明器具の種類、キッチンの詳細など、できるだけ実物を見ながら詰めていきます。

［費用］

● **設計・監理費**（3回目）
実施設計が終わったところで、設計監理費のうち30～40％程度を支払います。
※上記は一例。設計事務所により異なる

**4−6カ月目**

## 見積もり・工務店選定
（2−3週間）

図面と素材がひと通り決まったら、設計者から工務店へ工事の見積もりを依頼します。
信頼できる工務店を建築家から特命で紹介される場合と、3社程度の相見積もりで決める場合があります。特命の場合は、設計者との信頼関係により、安定した施工とサービスが得られるところがメリットです。相見積もりの場合は、値段だけで決めるのではなく、技術力・メンテナンス・相性など、総合的に見ることが大事です。
決定権はあくまで建て主であるあなたにあります。

**約6カ月目**

## 建築確認申請
（1−2週間）

建て主は確認申請書を役所もしくは民間の建築確認検査機関に提出し、建築物が建築基準法・条例などに適合しているか確認を受けなければなりません。通常は専門家である建築家が代行します。
確認申請の時期は、見積もりの前、見積もりの間など、状況によって違います。通常は1～2週間ほどで下りますが、長期優良住宅の場合や建物の構造によってはさらにかかるので、スケジュールに気をつけましょう。

［費用］

● **確認・完了検査申請費・作業料**
確認・完了検査申請の実費は申請を出す機関、建物の面積、構造によって異なります。建築家が申請に必要な設計図書を作成し申請するため、確認審査申請と竣工時の完了検査申請の実費（印紙代など）＋建築家の作業料も含め、20～30万円程度。設計料に含んでいる建築家もおり、支払いの時期は確認が必要です。

## 工事契約

工事金額が決まり、確認申請が下りると、工事契約をして、いよいよ工事が始まります。

［費用］

● **工事費の支払い**（1回目）
一般的に工事費は、出来高払いにして、4回程度に分けて支払います。契約時に着手金10％（1回目）を支払います。
※上記は一例。契約時に支払いのタイミングを確認

● **印紙代**
工事請負契約や売買契約にかかる税金を収入印紙で支払います。ともに1000万円以上5000万円以下の場合、2万円（2018年3月31日までは軽減措置により半額）。

● **長期優良住宅認定の申請費・作業料**
長期優良住宅の認定を受ける場合には、申請料の実費に加えて、建築家による設計図書の作成作業料が発生するほか、工事費の坪単価も上がるため、通常よりも費用がかかります。申請を考えている場合は建築家に相談しましょう。

● **住宅瑕疵担保責任保険費**
住宅瑕疵担保履行法により義務化（10年間）。万が一工事事業者が倒産しても上限2000万円までの補修費用の支払いが受けられます。
工事業者が申請および支払いを行いますが、最終的には経費または直接項目で建て主に請求され、間接的に支払うことになります。面積や保険会社との契約の仕方により、費用には5～10万円程度と幅があります。

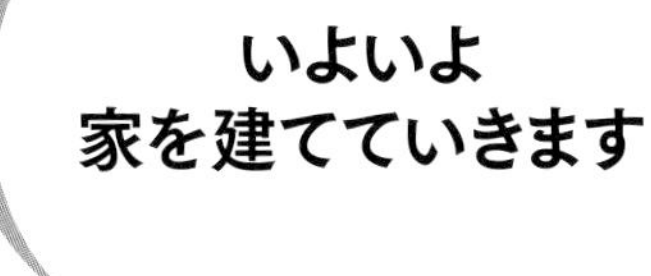


## 10 地鎮祭

地鎮祭は、工事を始める前に土地をお祓いし、工事の無事を祈る儀式。どんな形にせよ、着工前には行うことが多いです。工務店が詳しく準備の内容を教えてくれますので相談してみましょう。

〔費用〕

● **地鎮祭費用**
地域によって異なりますが、一般的には神主への謝礼3万、供え物に1～2万程度。

## 11 着工・工事監理
（4−6カ月間）

工事監理とは、図面通り間違いなく工事が行われているかを現場で確認することです。
不適切な施工があれば、建築家は建て主の代理人として工務店に改善を求めます。工事期間中は基礎の配筋検査や上棟後の金物検査などの主要な検査を行うほか、週1回程度は現場に行き、施工状況を確認します。
建て主も、可能な範囲で家族で家の様子を見に行き、写真を撮っておくのがお勧めです。安心と同時に、いい思い出を得ることができます。家が立体的になっていくなかで、「こうしたほうがよかったかな」と思うことがあったら、建築家に相談してみてください。建築家は全体を把握していますので、その変更が他工事に影響しないかも含めて、要望に応える最善の策を提示してくれるでしょう。

〔費用〕

住宅ローンの中間金交付が実行される段階に合わせて、工事費や設計・監理費の中間金を支払います。

● **工事費の支払い**（2回目）
着工時に30％程度支払います。※上記は一例。契約時に支払いのタイミングを確認

● **水道加入金**（メーター取得費用）
水道を使用するための権利金。各自治体によって料金は異なります。※福岡市では家庭用の平均的な口径20mmで77,000円（2019年現在、税込）

● **近隣へのあいさつ費用**
手土産代として1軒あたり500～1,000円程度。

● **現場へのお茶菓子代**
週1回程度、現場の様子を見に行く際に、無理のない範囲での飲み物などの差し入れでOK。それよりも、積極的に大工さんへ声をかけることで、張り合いになります。

## 12 上棟式

上棟式は、棟木を上げ終わった当日に行う儀式。どうするか悩む場合は、建築家に相談してみましょう。

〔費用〕

● **設計・監理費**（4回目）
設計監理費のうち10～20%程度を支払います。
※上記は一例。設計事務所により異なる

● **上棟式費用**
祝儀代・酒肴代などで10～30万円程度ですが、地域性にもよります。行わない人も増えています。

## 15 入居

［費用］

● 家具・備品購入費
● 引越し代
● 不動産所得税

不動産を取得した場合に、新築1年以内に課される税金で評価額の4%。軽減措置については税務署で確認が必要です。

入居後にかかる費用

● 固定資産税

毎年1月1日時点の土地と建物の所有者に対して課税されます。
土地の購入価格×0.6×1.4%が概算。

● 都市計画税

毎年1月1日時点の、都市計画で指定されている市街化区域内の土地と建物の所有者に対して課税されます。

● 固定資産税の清算金

（土地を譲り受けた場合）前の所有者に支払います。

## 16 アフターケア

引渡し後も、メンテナンスを通して建築家や工務店との付き合いは続きます。住まいは暮らしとともに変化していきますから、手入れのことや増改築の相談など、小さなことでも気軽に建築家に相談してみましょう。

To be Continued

家づくり

10−12カ月目

## 13 完了検査

工事が終わると、検査機関や役所の完了検査を受けます。もし指摘事項があるような場合は、きちんと補正の工事をしてもらって引き渡しとなります。

## 14 完成（竣工）・引き渡し

完成するといよいよ引き渡しです。引き渡し書類を受け取り、設備機器の説明などを受けます。電話やインターネット引き込み工事など、建て主による手配が必要なことを確認しておくとよいでしょう。また、家具は完成前にすべて購入せず、住みながら広さと使い勝手を確認して揃えると失敗がありません。

［費用］

住宅ローンが最終的に実行される段階に合わせて工事費や設計料の残金を支払います。

● 設計・監理費（5回目・最後の支払い）

引渡し時に設計監理費のうち、最終の支払い10%程度。

※上記は一例。設計事務所により異なる

● 工事費の支払い（3回目＋α）

完成時に工事費3回目の支払い30〜50%程度。引渡し時に工事費最終の支払い10%程度＋追加工事分の支払いをします。

● 建物表題登記費用

新築した建物について登記する建物表題登記が必要です。登録免許税はかかりませんが、土地家屋調査士へ依頼した場合、報酬として5〜10万円程度必要です。

● 所有権保存登記費用

その建物の所有権が誰のものかを示すために所有権保存登記が必要です。登録免許税は建物の評価額の20／1000。手続きを代行する司法書士への報酬は4〜5万円程度です。

● ローン契約
● 火災保険料

約2000万円の耐火住宅の場合、年1万円くらいから。ローン借り入れ年数に応じます。

● 地震保険料

多くの金融機関で加入は任意。控除額については税務署に確認しましょう。

▶チェックポイント

### 保険会社を検討しよう！

かかる諸費用は多数あり保険会社によって異なります。金利だけでなく、諸費用も含めて保険会社を検討しましょう。
また、金利・団信保険料が借りた金額に上乗せされるので、ローン金額はなるべく抑えて現金で支払える分は支払う方がよいでしょう。ボーナス払いや、定期的な保険の見直しと乗り換えもお勧めです。

［ローン契約のための費用］

**抵当権設定登記費用**

金融機関からローンを受ける際に抵当権設定登記が必要です。登録免許税は融資金額の0.4%（長期優良住宅以外）。司法書士へ依頼した場合、借り入れ額により異なりますが報酬は5〜10万円程度です。

**融資事務手数料**

融資を申し込む際の手数料として金融機関に支払う費用で、金融機関により異なります。通常は融資金額から差し引かれます。

**印紙税**

ローン契約にかかる税金。借り入れ額によって金額は異なります。例えば1000万円超5000万円以下のローン契約なら印紙税は2万円。

**ローン保証料**

連帯保証人の代わりに保証会社を利用する場合に、保証会社に対して支払う費用で、ほとんどの人が保証会社を利用します。

**団体信用生命保険料（団信）**

加入が必要。加入していると、住宅ローンの返済途中で死亡、高度障害になった場合に、本人に代わって生命保険会社が住宅ローン残高を支払ってくれます。通常は金利に保険料が含まれています。

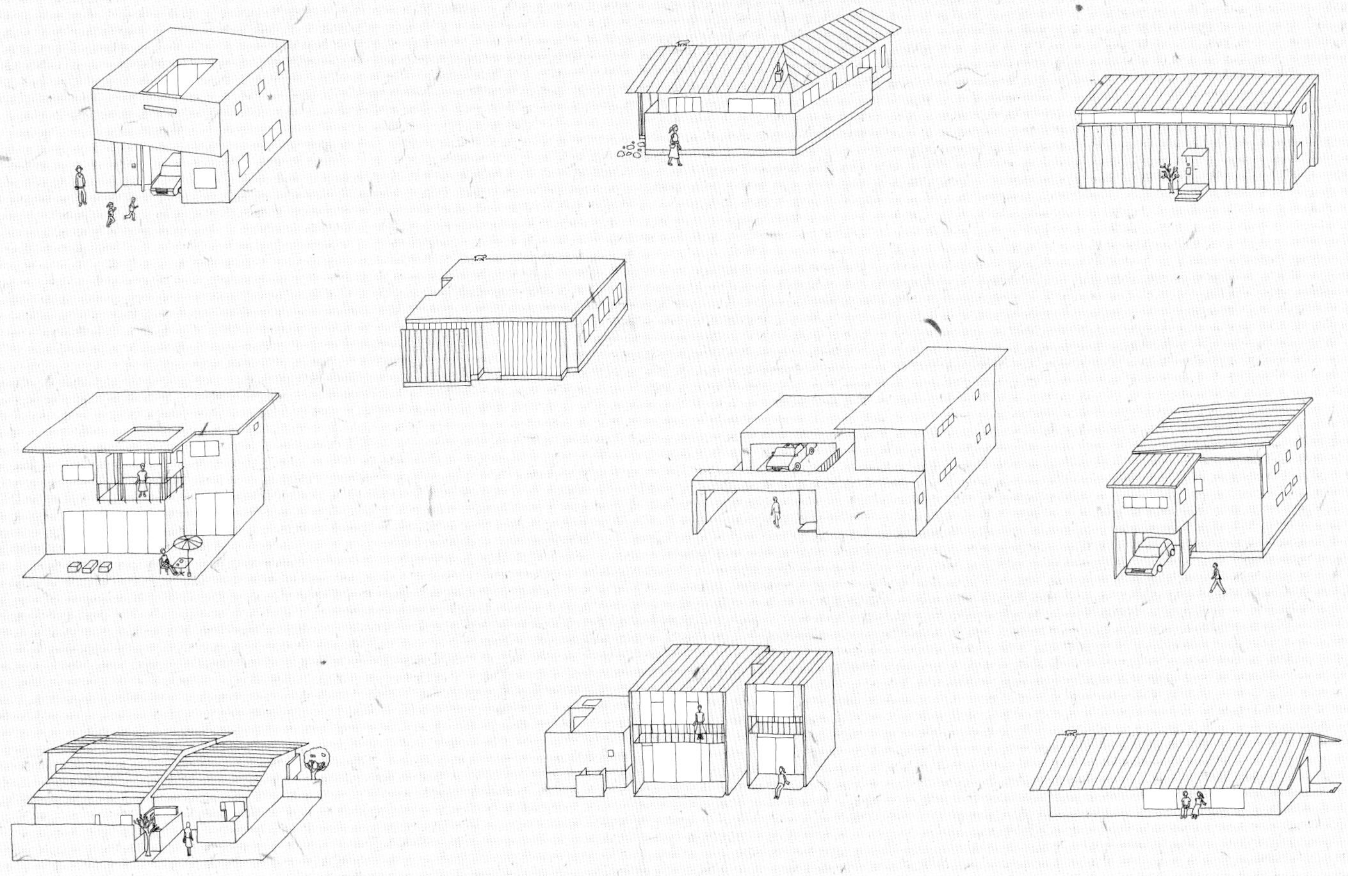

# 九州の建築家とつくる家 3

A House You Build with an Architect in Kyushu

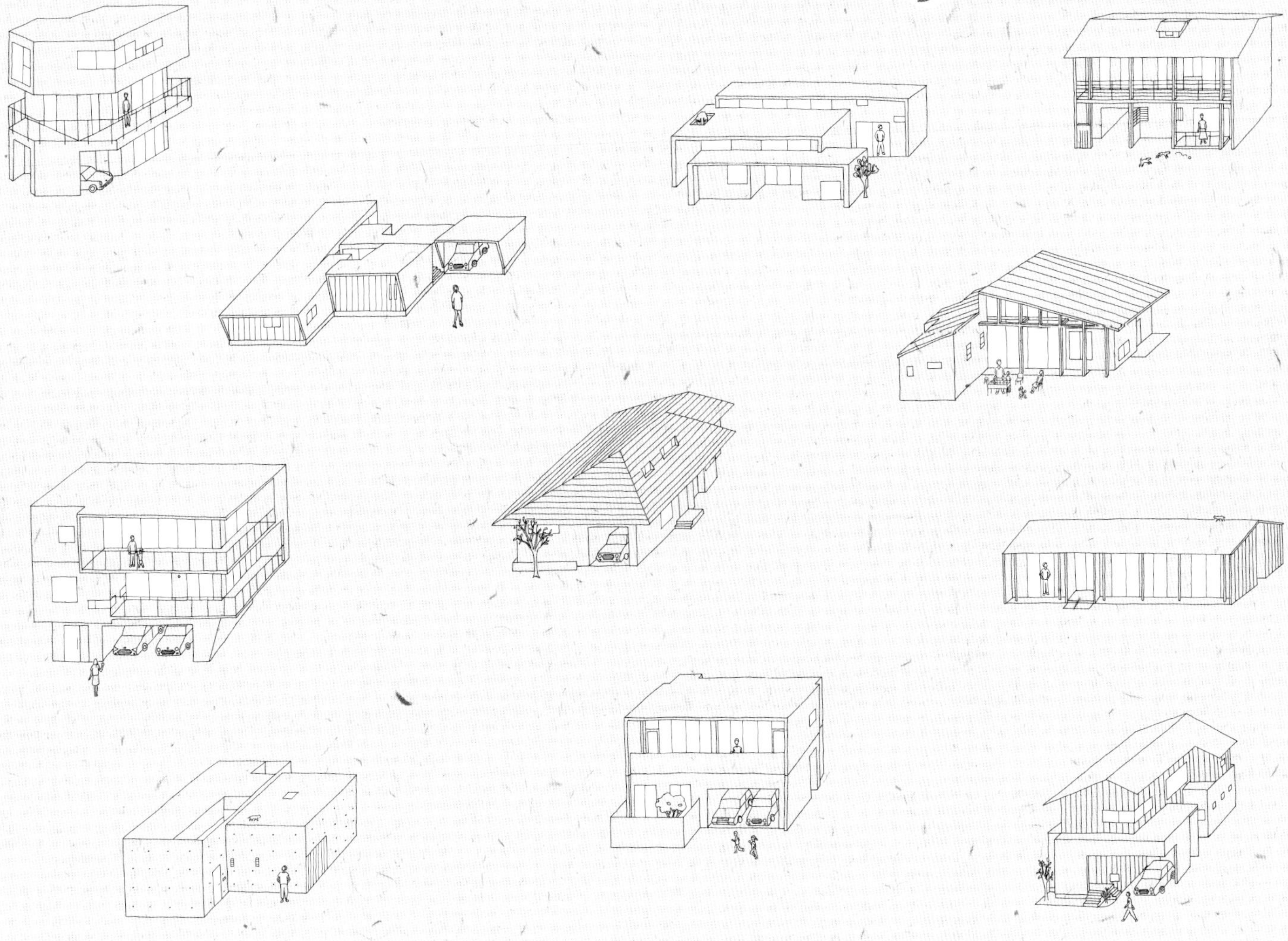

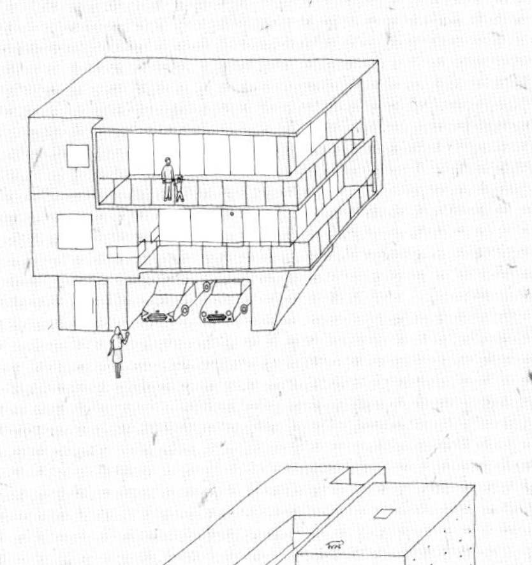

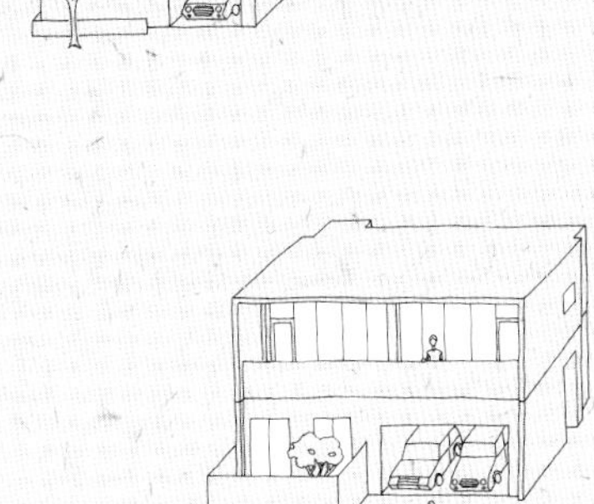

# 趣味を堪能
# 仲間が集う家

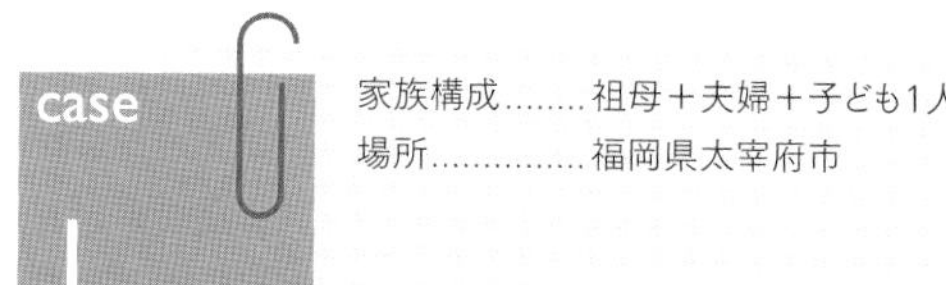

case 1

家族構成........祖母＋夫婦＋子ども1人
場所...............福岡県太宰府市

# 太宰府の家

視線を遮り、22m連続する木塀（撮影：石井紀久 Blitz studio）

## 建て主が要望した点

歴史的、文化的遺産のまち「太宰府」という土地柄にふさわしい伝統と斬新さを合わせ持った家を建てたいという希望が叶いとても満足しています。特にこだわったのが、気軽に人が集まれる空間です。そのために土間のリビングと趣味のスペースをお願いしました。何度も相談に乗っていただき時間はかかりましたが、住み心地の素晴らしい家が完成しました。特別な気分を味わえるオープンな空間と使い勝手のよいプライベート空間がバランスよく配置され、我が家のライフスタイルに合わせた間取りに満足しています。日本家屋のよさを取り入れた木の家は落ち着いた和の雰囲気で、これから趣味や仲間との交流が楽しめる終の住処となりました。

## 建築家が工夫した点

太宰府天満宮の西側に位置し、敷地南側には御笠川が流れ、北側はなだらかな傾斜と山々が続いています。住居空間以外にも夫婦共通の趣味である茶室を作りたいとの要望がありました。外観は外からの視線を遮断しつつ、室内からは外の景色が見えるように敷地の高低差を利用した目隠し木塀を設け、建物の顔となっています。玄関を入ると寄付土間が奥のリビングまで続いており、左手に水屋、茶室、右手に坪庭を配置し、障子を解放することで茶室から坪庭を眺めることができ心地良い空間となっています。リビング・ダイニングは親しい友人などを土足のまま招待することができ、一枚物の無垢杉カウンターの上で料理などを楽しむことができます。

## 建築家からのメッセージ

**一ノ瀬 勇** イチノセ イサム

1966年 佐賀県生まれ／1988年（株）石橋建築事務所入所／1997年 一ノ瀬勇建築事務所設立／2002年（有）CASE設立／2003年（株）CASEに改称

●株式会社CASE
〒810-0022 福岡市中央区薬院2-3-30 CASEBLDG201
TEL：092-735-1980　FAX：092-735-1981
URL：http://www.case-style.com
E-mail：info@case-style.com

### 住宅設計で大切にしていること

設計とそれに関わる人づくり的なことを重視していますし、建て主との信頼関係には何よりも自信をもっています。「最低でも、そこに関わるすべての人が幸せにならないといけない」ということを心がけ、機能性、コストを優先し、その中に美しいデザインを折込んでいきたいと思っています。

### 趣味は何ですか？

27歳のときから始めたサーフィンです。近年はトライアスロンにも挑戦しています。身体を動かし自然と触れ合う時間が、頭の中のすべてをクリアにしてくれ、建築設計をする際の"肌感覚"が呼び覚まされます。

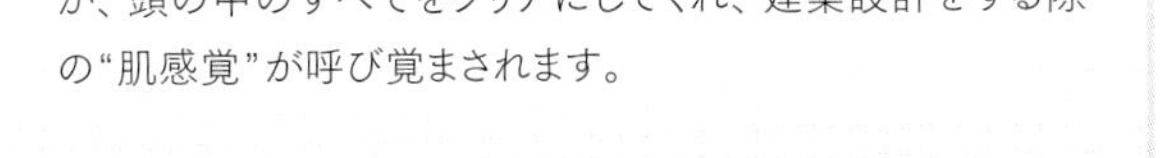

## その他の設計作品

**SY House**
幾重にも重なる庇と、のびやかに広がる屋根
（撮影：石井紀久 Blitz studio）

**FT House**
深くせり出した大屋根と
花崗岩に覆われた外壁
（撮影：針金洋介）

**AL House**
周囲の景色を最大限に
取り込むガラスファサード
（撮影：ループフォトクリエイティブ 水崎浩志）

周囲との調和、
木塀からもれる優しい灯

お客様を招き入れる玄関

### 設計データ

- 敷地面積…329.57m²（99.69坪）
- 延床面積…119.12m²（36.03坪）
- 竣工年…2019年5月
- 用途地域…第一種低層住居専用地域
- 建ぺい率…80%
- 容積率…60%
- 構造・規模…木造平屋建
- 施工…株式会社安恒組

一枚物の無垢杉板カウンターでおもてなし

こだわりの茶室

玄関からリビングへと繋がる寄付土間

# 眺望を活かした
# 海が見える開放感のあるデッキを持つ家

case
2

家族構成........夫婦
場所..............福岡県福岡市

## K邸

外観夜景（撮影：イクマサトシ［Techni Staff］）

### 建て主が要望した点

福岡市西区の眺望の良い高台に位置する敷地で、博多湾に面し遠くに志賀島・能古島を望めます。建て主が求めたものは、できるだけ高くして海をより近くに眺めたいということでした。また、周囲に駐車場が無いため、来客も含め多くの駐車スペースの確保も望まれました。その他、多くの要望書や写真を頂いてできるだけ要望を取り入れるようにしたのですが、コストの点ですべてを満足させることはできませんでした。その中で一番心残りは、屋上テラスが実現できなかったことです。

### 建築家が工夫した点

海への眺望を確保し、駐車スペースを多くとることが前提でしたので、建物は3階建てにし、1階はコストを下げるために基礎部分の面積を小さくしてエントランスとガレージだけにし、その他の寝室、LDKは上階にしました。駐車スペースはシャッター付ガレージに2台、他に来客に対して4〜5台が確保されています。2階、3階には眺望を楽しむための広いデッキを設けています。LDKは一番眺望の良い3階に設け、巾3ｍのデッキが2方向に付けられています。寝室と浴室、洗面、ランドリースペースは2階にあり、寝室は将来の家族構成の変化に対応できるよう広くとっています。1階のエントランスは広くとられていて、踏込の段差を無くして、ギャラリースペースとし、ちょっとした接客スペースともなっています。

## 建築家からのメッセージ

**井本重美** イモト シゲミ

1953年宮崎県生まれ。九州芸術工科大学(現九州大学)環境設計学科卒業後、アメリカのアーコサンティにてパオロ・ソレリのアーコロジーを学ぶ。帰国後、6年修行し独立。ネクサスワールド香椎において、レム・コールハース氏とスティーブン・ホール氏のコ・アーキテクトを務める。IMOTOアーキテクツから無重力計画に改称

●IMOTOアーキテクツ(株式会社 無重力計画)
〒812-0028 福岡市博多区須崎町 7-4-1大黒館
TEL:092-273-1233 FAX:092-273-1236
URL:http://www.mujuu.co.jp/imotoarchi/
E-mail:m@mujuu.co.jp

### 住宅設計で大切にしていること

建て主の要望を聞き、それを満足いくものにまとめあげることはもちろんですが、それ以上に大切な事は、建て主の想像以上の建物をつくることです。特に空間づくりに力を入れています。

### 興味のあることはなんですか?

一番の趣味は音楽です。クラッシックからロックまで幅広く鑑賞します。クラシックはオペラや交響曲、ロックはローリングストーンズやディープパープルが好きです。また。ドラムを3年習ったのですが、今度はチェロに挑戦したいと思っています。

## その他の設計作品

■木造の住宅
左/テラスよりリビング
右/LDK

■山の住宅
左/離れの浴室
右/寝室

上/3階LDK
中/2階浴室・洗面
下/1階エントランス

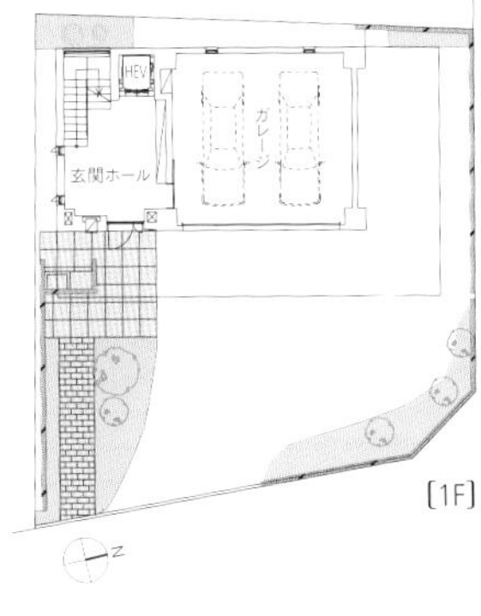


[1F]

[3F]

[2F]

### 設計データ

- 敷地面積…241.34m²(73.08坪)
- 延床面積…263.50m²(79.79坪)

1階/80.23m²(60.07坪)
2階/90.92m²(48.60坪)
3階/92.35m²(27.96坪)

- 竣工年…2017年
- 用途地域…第一種住居地域
- 建ぺい率…47.35%
- 容積率…76.08%
- 構造・規模…

鉄筋コンクリート造3階建

- 施工…株式会社まつい工務店
- 企画・コーディネート…FORZA

# 段差を利用した混構造の家

case 3

家族構成........夫婦＋子ども1人
場所...............熊本県

## Garden House 2

天井一杯の窓とすることでモダンな外観となっています（撮影すべて：Kouji okamoto）

### 建て主が要望した点

使いやすくデザイン性が高いもの、浴室はバスコートと一体となったもの、またPM2・5対策としての物干し室プライバシーの確保されたものという条件でした。また外壁はタイル貼りに、内部インテリアについても飽きの来ないもので上品な空間になるようにしています。収納計画にて建て主との打合せ、検討を十分に重ねることで使い勝手の良いもの、建て主の要望に添ったものになるようにしています。

### 建築家が工夫した点

敷地は郊外の閑静な住宅地に位置し道路との段差が2mほどあり、角地で比較的目につく場所にあります。

建物としてさりげなく存在させたいと思い、アイボリー系のタイルと白い格子の手すりの対比が美しくなるように心がけました。土地の段差を利用し、1階玄関ポーチ、車庫、2階3階住居のプランとし、玄関ポーチから2階玄関までは雨に濡れないようにしました。外観は3つの建物が集まったようにデザインして、建物のボリューム感を抑えるようにしています。2階部分については開口部を高くして建物を軽く見せ、勾配天井にして内部からは外の眺めがよく、広がりのある空間としました。植栽計画についてはできるだけ必要最低限の植栽にしたいとのことで、石貼り部分とのバランスを考えて計画しました。樹種の選定については、自ら造園業者の畑まで行って選んでいます。木の成長も考えて最初は少し小さめの物にしました。

## 建築家からのメッセージ

**大場浩一郎** オオバ コウイチロウ
1956年 長崎県生まれ／1978年 九州芸術工科大学芸術工学部環境設計学科卒業／1985年 アトリエスクエア1級建築士事務所設立／日本建築士協会所属

●アトリエスクエア1級建築士事務所
福岡市中央区平尾3丁目22-3 平丘ビル3階
TEL:092-524-3181 FAX:092-524-3181
URL:http://www.at-square.com
E-mail:square1@at-square.com

### 家をつくりたい方へのメッセージ

何となく上品で飽きのこないデザインになるようにしているのと、打ち合わせの段階から、家作りを楽しんでいただけるように心掛けています。

### 家で一番好きな場所は？

食卓。家族のコミュニケーションにおいて、また住宅において中心であり、ここにいて落ち着くことが大切だと思います。一番好きな場所になるように設計しています。

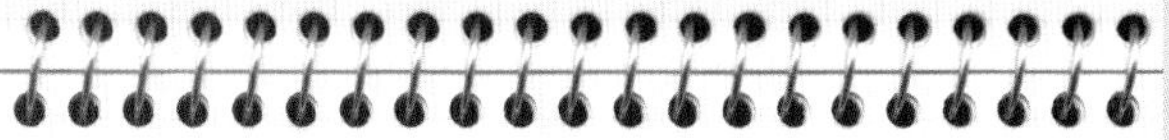

## その他の設計作品

■高台の家
庭の緑と暖炉を楽しみながら生活する家

■首里の家
大人数でパーティ可能なリビングを持つ家

■延岡の家
シアターリビングのある家

シンプルにまとめられたLDK

上右／実際より広く見えるLDK
下右／開口部を高くした伸びやかな2階寝室
左／外部玄関格子。車庫から玄関へは濡れずに行けるようになっている

### 設計データ

- 敷地面積…361.14m²（109.24坪）
- 延床面積…203.71m²（61.62坪）

1階／42.22m²（12.77坪）
2階／100.20m²（30.31坪）
3階／61.29m²（18.54坪）

- 竣工年…2017年
- 用途地域…第一種低層住居専用地域
- 建ぺい率…38.30%
- 容積率…46.30%
- 構造・規模…鉄筋コンクリート造＋木造の混構造 2階建
- 構造設計…村上剛宏構造設計室
- 設備設計…アトリエスクエア1級建築士事務所

白の外壁タイルに手すりを白のアルミの格子とすることで軽快な感じにしている

# 家族とゲストの交流を育む自然素材の家

case 4

家族構成……夫婦＋母
場所……福岡県福岡市

## 今宿の家

東道路側からの外観（撮影：イクマサトシ［Techni Staff］）

### 建て主が要望した点

家族とゲストが共に寛げるリビングダイニングを要望されました。

敷地南側にソメイヨシノの大木がある街区公園が隣接し、遠く高祖山を望む福岡市西部の住宅街に位置しています。建築主の要望から、夫婦と母親が暮らす住まいに小さな仕事場、3部屋のゲストルーム、家族と長期滞在するゲストが寛げる、十分な広さと素材感のあるリビングダイニングを用意すること。また省エネルギーとランニングコストに配慮し、住宅全体の環境負荷の低減を目指すことも条件でした。

### 建築家が工夫した点

家族とゲストの交流を育むフレキシブルかつオープンな吹抜空間と優れた温熱環境を提案しました。緑豊かな庭と公園側に大きな開口部を設けたリビングダイニングを中心に、吹き抜けを取り囲む2階にオープンな仕事場とゲストルームを配置しています。家族やゲストが集う一枚板のダイニングテーブルは、大人数の飲食や団欒など多様に利用でき、吹き抜けをいかした立体的な客席があるシアターのような交流と娯楽の場をイメージしました。天井上部には4本の長尺梁を現し、自然素材が包み込むダイナミックな空間に仕上げています。効率的なエネルギー利用のため、太陽光発電設備と電気自動車を利用した蓄電システムを導入し、室温差が生じやすい吹き抜けは輻射熱によるムラのない温熱環境を優れたランニングコストを実現しています。

## 建築家からのメッセージ

**梶垣 宏** カジガキ ヒロシ

1965年 大阪府生まれ／1989年 福岡大学工学部建築学科卒業／1989－95年 鹿島建設(株)／1995－2005年(株)徳岡昌克建築設計事務所(現(株)徳岡設計)／2005年 梶垣建築事務所設立／2018年－ 福岡大学非常勤講師

●梶垣建築事務所
〒815-0063 福岡市南区柳河内2-8-16
TEL:092-512-4765　FAX:092-512-4765
URL:https://www.kajigaki-ao.com
E-mail:info@kajigaki-ao.com

### 住宅設計で大切にしていること

家族と敷地の特性を読み取り、自然(光、風、緑)の繋がりを意識した空間を提案します。10年20年後の暮らしをイメージし、家族とともに美しく歳をとる住宅であってほしいと思います。

### 趣味は何ですか?

仲間とのリレーマラソンのために日々スロージョギングを続けています。マラソン後の麦酒がモチベーションです。

上／大きな吹抜のあるリビングダイニング
下右／2階のオープンな仕事場と1階ダイニング
下左／階段と自然の風合いのある化粧柱

### 設計データ

- 敷地面積…330.63m²(100坪)
- 延床面積…205.37m²(62.12坪)
1階／125.27m²(37.89坪)
2階／80.10m²(24.23坪)
- 竣工年…2018年
- 用途地域…第一種住居地域
- 建ぺい率…40.37%
- 容積率…56.79%
- 構造・規模…木造2階建
- 設備設計…シード設計社(監修)
- 施工…小山田建設

[2F]

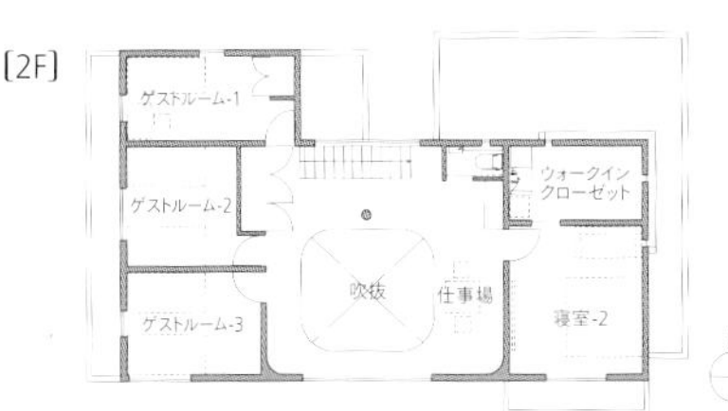


[1F]

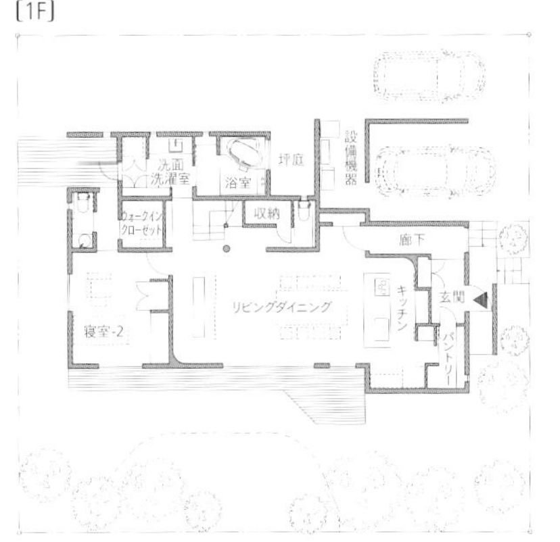


公園側からの外観

玄関アプローチ夕景

## その他の設計作品

■直方の家
2階リビングの3階建て住宅

■西新の家
音楽スタジオのある狭小住宅

■大刀洗の家
環境と共生した平屋建て住宅

# 向かい合う家

case 5

家族構成……夫婦＋子ども2人
場所……福岡県三井郡

## G2-house

外観夕景（撮影：イクマサトシ［Techni Staff］）

### 建て主が要望した点

本住宅の計画地は、福岡県三井郡に位置する清閑な田園地域にあります。建て主の要望としてまず挙げられたのは、家族が安全に安心して生活できるように、プライバシーの確保と防犯性の高い家にして欲しいということでした。

また、この地域では3月3日の雛祭りに各家庭で雛人形を飾り、地域の方にも観覧してもらうという風習があります。そのため、和室は十分な広さで玄関ホールに近接して計画し、来訪者のスムーズな動線の確保などが求められました。

### 建築家が工夫した点

家族のプライバシーの確保および防犯性の向上のために、住宅の外周部には出来るだけ開口部を設けずに、建物の中心部をくり抜き光庭（テラスバルコニー）を計画することで採光を確保しました。また、来訪者が頻繁に訪れる和室を玄関ホールに近接させ、家族の居室を建物の奥へと配置することで来訪者のスムーズな動線の計画に加え、プライバシーの確保にも配慮しました。全体的に外周の開口部は少なくし、光庭に面して開口を設けることで室内に光を取り込み明るく開放的な空間を実現させました。

リビングダイニングは勾配天井とすることで、明るく広がりのある空間をつくりだし、仕上げにはレッドシダーを施し、間接照明によってモダンな雰囲気を演出しています。夜になるとライトアップされ、造形的により美しくなるよう外観をデザインしました。

## 建築家からのメッセージ

**佐藤正彦** サトウ マサヒコ

1960年 福岡県生まれ／1985年（株）憧設計事務所設立／2008年（株）アーキテクト憧に改名／2019年 G2-house「向かい合う家」イギリス『Asia Pacific International Property Awards 2019-2020』Architecture Single Residence Japan アジア太平洋地域 受賞

●アーキテクト憧
〒810-0041福岡市中央区大名1-8-18 Royal Parks大名302
TEL:092-762-2100　FAX:092-762-2101
URL:https://www.architect-show.com/
E-mail:sato@architect-show.com

**家をつくりたい方へのメッセージ**

住宅デザインとは表層的に形を作ることだけではなく、人の動きや流れ、そしてライフスタイルを設計することだと考えています。人を基軸とし、機能・モノ・環境などあらゆる要素を調和させ、そこにしかない魅力的で良質な空間とスタイルを生み出すことが私たちの仕事です。生活に喜びや潤いを感じさせるような家を建築主と一緒につくりたいと考えています。

**趣味は何ですか?**

フライフィッシング、ルアーフィッシング

## その他の設計作品

■N12-house
回遊テラスのあるガレージハウス
（撮影：Yousuke Harigane）

■N8-house
III-BOXの家
（撮影：ブリッツ・スタジオ 石井紀久）

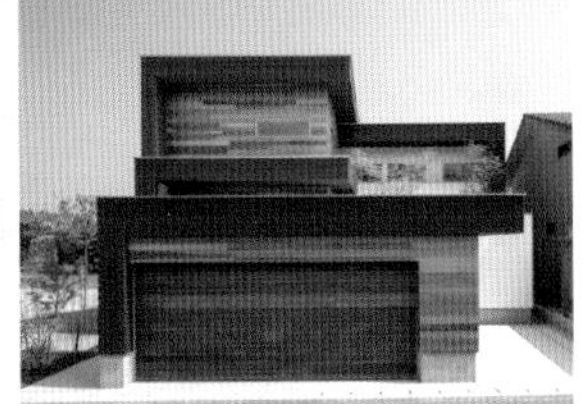

■M4-house
重なり合う家
（撮影：ブリッツ・スタジオ 石井紀久）

光庭夕景

西側外観全景

上／リビングダイニング
下右／リビングダイニング夕景
下左／和室

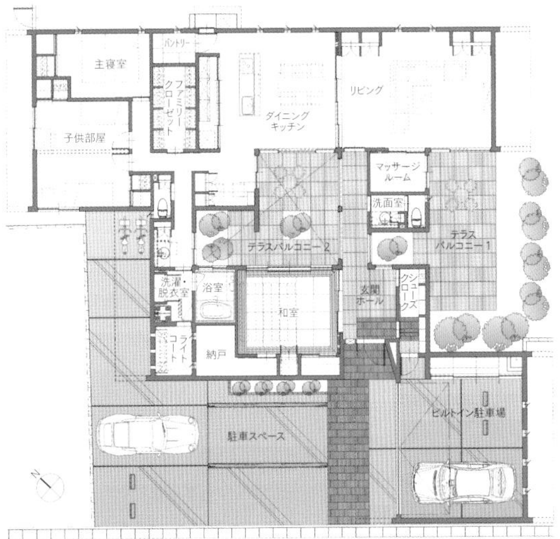


**設計データ**

- 敷地面積…500.00m²（151.25坪）
- 延床面積…238.22m²（72.06坪）
- 竣工年…西暦2019年
- 用途地域…第一種住居地域
- 建ぺい率…49.60%
- 容積率…38.12%
- 構造・規模…木造平屋建
- 施工…悠建築工房株式会社

case 6

本体施工費 ....3,600万円
家族構成........ 夫婦＋子ども2人
場所.............. 福岡市城南区

# 街なかの住宅

## 街中でも開放的に暮らす家

外観（撮影すべて：石井紀久 Blitz studio）

### 建て主が要望した点

敷地は都市部から地下鉄で10分のまち中の住宅地で、東側は高台になっています。南側に2階建てアパートあり、西側と北側の敷地境界線ギリギリに隣の家のリビングが見えるという旗竿地です。夫はiPhoneアプリのプログラマーでミュージシャン、妻は法曹関係で働いていて、二人とも忙しい日々を送っています。建て主からの要望としては、①周囲の視線を気にしないで暮らせること。②バラバラな時間帯で働きに出るので、車2台がスムーズに駐車できるスペースを設けること。③1階の仕事場を防音性の高いスタジオとしても機能させることなどがありました。

### 建築家が工夫した点

それぞれの車が出入りできるように配置をして、1階は夫の寝室と仕事場、2階に子供部屋、妻の寝室、リビング。2階の開口部を建物の中心にあるバルコニーに設けることで周囲の視線を気にせず開放的にしています。仕事場は防音室を兼ねていて音楽スタジオ、カラオケルームとしても活用しています。外に音が漏れないように壁を厚くし、熱交換式の換気扇を使いました。気候の良い季節はバルコニーで食事をとったり、パーティースペースで活用しているようです。建て主との打ち合わせは毎回楽しく盛り上がって、雑談の中からいくつもアイディアが出ていました。結果、人が集まる楽しい家になりました。

## 建築家からのメッセージ

**渋田耕治** シブタ コウジ

1966年 福岡市生まれ／1992年 多摩美術大学美術学部建築学科卒業／1992－94年 ライブ一級建築士事務所勤務／1994－96年 多摩美術大学キャンパス設計室 設計補助／1996－98年 渡米 Ashihara Associates NY設計補助／1998年 渋田建築計画事務所主宰

[受賞] グッドデザイン賞受賞（07・09・12年）

●渋田建築計画事務所
〒814-0111 福岡市城南区茶山5-11-23
TEL：092-400-8814 FAX：092-400-8835
URL：http://www.unit-h.com/
E-mail：shibuta@unit-h.com

### 住宅設計で大切にしていること

ホッと出来るような空間をつくることを心がけています。よく敷地を読み込んで、自然（光、風、景色）をいかに取り込むかを考えながら、予算を最大に生かせるように優先順位を明確にして、最低限の住環境は確保しながら最大限の魅力ある家を建て主と一緒に楽しみながらつくっています。

### 趣味は何ですか？

先輩、後輩、友人たちとゴルフやホームパーティ、外食などが好きでよく出歩いています。現代美術を見ることも好きで、時間を作っては美術館やギャラリーなどをめぐっています。美術館では館内で食事をしたりして、作品をゆっくり鑑賞しながら建築のアイディアを膨らませています。

## その他の設計作品

■美和台の家
上／いつの間にか家族はリビングに集って来ます
下／アプローチも大切です

■立花山の家
秘密基地のような家も!?

2階のLDKスペース

上右／玄関とガレージ
上左／バスルーム
下右／1階寝室
下左／アプローチ

**設計データ**

- 敷地面積…210.36m²（63.63坪）
- 延床面積…161.72m²（48.92坪）
1階／83.58m²（25.28坪）
2階／78.14m²（23.63坪）
- 竣工年…2016年
- 用途地域…第一種中高層住居専用地域
- 建ぺい率…60%
- 容積率…150%
- 構造・規模…木造2階建
- 構造設計…構造ファクトリー
- 施工…株式会社凸凹

[2F]

[1F]

# 丘の上の海を眺める家

case 7

家族構成……夫婦＋子ども2人
場所……福岡県糸島市

# 糸島の家

海からみる外観／ 1、2階とも海を眺めるテラスがあります（撮影：FAKE. 大野博之）

## 建て主が要望した点

敷地は静かな丘の上の住宅地にあります。敷地の南半分は法面になっている庭があり、その先に海が見渡せます。その環境を生かすことと、建ぺい率の制限が20％なので、その中で可能な限り広いリビングにしたい。この2つを要望されました。

## 建築家が工夫した点

まず、敷地に立ってしっかり環境を読み取ります。何が見えるか。風はどこを通るか。ここで一番いい場所はどこなのか。そこが、みんなが集うリビングになります。家族はここでどう過ごすだろう。どう過ごしたいだろう。楽しく過ごすには、心地よく過ごすには。さまざまな想像をし、一緒に話をします。とてもワクワクする時間です。それを建て主とともに体感し、感じたことを共有することから始めていきました。

糸島の家には、大きな開口部から、デッキ、海へとつながるリビングをつくりました。リビングには、家族それぞれにお気に入りの場所を見つけられるようにし、そこへ座ると、自然に海を囲んでみんなが顔を合わせるように計画しました。上のお姉ちゃんは、階段の真ん中あたりが一番のお気に入りだそうです。

1階は家族の空間、2階はプライベートな空間を配置しました。それぞれに欲しい距離感を選んで過ごすことができます。

人の感覚はいろいろです。建て主と多くの話をし、ともにつくることで、このご家族にあった家ができあがったと思います。

福岡県
佐賀県
熊本県
宮崎県

## 建築家からのメッセージ

**永田恵美子** ナガタ エミコ

1975年 福岡県生まれ／1997年 九州産業大学工学部建築学科卒業／2007年 永田建築工房一級建築士事務所設立


●永田建築工房 一級建築士事務所
〒819-1331 糸島市志摩久家2890
TEL:092-328-2970 FAX:092-328-2970
URL:http://www.nagata-arc.jp
E-mail:contact@nagata-arc.jp


### 住宅設計で大切にしていること

私は「たたずまい」を大切にしています。たたずまいとは、建物そのものがかもし出す雰囲気のことです。新しくても自然と馴染む空間や、時間の流れを心地よく感じられる空気。ちょっとした工夫や遊び心。そういうものを加えて、日々の生活の豊かさを広げていけたらと思っています。その住まい手だけの、たたずまいの家づくりを心掛けています。

### 家で一番好きな場所は?

土間や軒下です。外のようで中、中のようで外の空間です。内外の曖昧な空間で内と外をつなぐことで、内で自然を感じたり、外で家族の気配を感じたり、家の楽しさが広がります。

上／家族が集うリビング／大きな柱と梁がアクセントです
下右／ダイニングから外を眺める全開放できる窓の外には、海が広がります
下左／リビングにつながる階段

右／ゆっくりくつろげるデッキテラス
左／海が出迎える玄関

**設計データ**

- 敷地面積…413.29m²（125.02坪）
- 延床面積…162.84m²（49.25坪）

1階／81.43m²（24.63坪）
2階／81.43m²（24.63坪）

- 竣工年…2019年
- 用途地域…指定なし
- 建ぺい率…19.69%
- 容積率…39.39%
- 構造・規模…木造在来工法 2階建
- 施工…株式会社藤栄建設

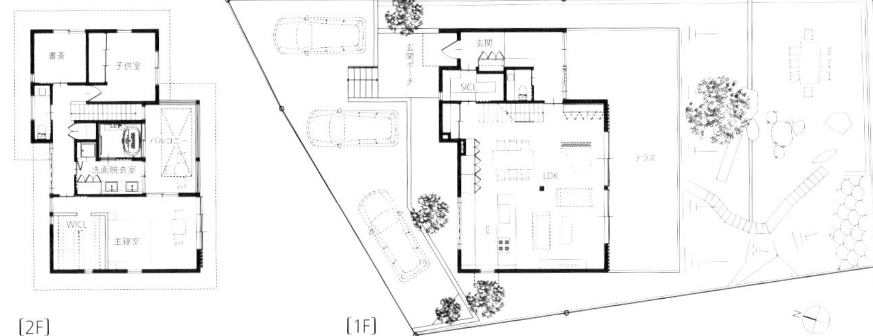


## その他の設計作品

**博多の町屋**
上／間口2間のLDK
上や縦方向に空間を広げます
下右／土間のある玄関 車も入ります
下左／小屋裏と屋上テラスを繋ぐキャットウォーク

# 内と外が混じり合う家

case 8

家族構成........夫婦＋子ども2人
場所...............福岡県北九州市

## Framing house

リビングダイニング越しにコートの樹木を見る（撮影:Kouji okamoto）

### 建て主が要望した点

既存親世帯住居の南側に子世帯家族の住宅を建てることとなりました。
親世帯との間に共用庭を取ることによって一体的に利用できること、お互いに程よい距離を持つこと、周囲の視線を感じることなくプライバシーを守りながら開放的に暮らすこと、が求められました。

### 建築家が工夫した点

フレーム状の空間をずらしながら配置し、そのフレームの中に外部空間を取り込むことによって、プライバシーを守りながらも内部と外部が入り混じった気持ちの良い空間を実現しています。
フレームは南から北に向かって階段状に低くなっており、共用庭に光を届けるよう配慮すると共に、フレームのずれによる開口から北側の安定した光を取り込むことが出来ます。南道路側は視線よりも高いハイサイドから南の光を室内に取り込んでいます。
共用庭は、一緒にバーベキューを楽しむなど一体的に利用することができると同時に、庭に対して向かい合う開口をずらすことによって視線の向かい合いを避けて、程よい距離感を確保しています。
ダイニング横のコートの樹木には天井開口から光と雨が注ぎ、刻々と変化する自然の表情を見せてくれます。外部でありながらも室内の延長のように感じることのできる豊かな空間です。

## 建築家からのメッセージ

**西岡梨夏** ニシオカ リナツ

1980年 大分県生まれ／2003年 九州芸術工科大学（現九州大学）卒業、大石和彦建築アトリエ勤務／2011年 ソルト建築設計事務所設立／2013年 福岡県美しいまちづくり建築賞住宅の部大賞。LIXILデザインコンテスト入賞。建築九州賞佳作入賞／2017年 住まいの環境アワード九州の家受賞／2018年 建築九州賞佳作入賞

●ソルト建築設計事務所
〒810-0014 福岡市中央区平尾3-17-12-302
TEL：092-791-9037　FAX：092-791-9037
URL：http://www.salt-arch.com
E-mail：info@salt-arch.com

### 住宅設計で大切にしていること

日本には「塩梅（あんばい）」という言葉があります。塩は単なる味付けではなく、素材の旨みを引き出す役割をしてきました。
建築における素材「バショ・ヒト・モノ・コト」の力を最大限に引出すデザインを目指し、対話を大切に設計に取り組んでいます。

### 趣味は何ですか？

国内外問わず、建築を見て周る旅行です。その土地に根付いた建築を見ることが一番の目的ですが、慣れない土地で、新しい言葉・食事・気候・文化に触れることも旅の楽しみです。

## その他の設計作品

■姶良の家
上／ダイニング・キッチン
中／リビングより
　ダイニングを見る
下／外観
（撮影：石井紀久 Blitz studio）

ダイニングよりキッチンを見る

暖炉から階段を見る

共用庭
親世帯
［アクソメトリック図］

親世帯との共用庭・アウトドアキッチン

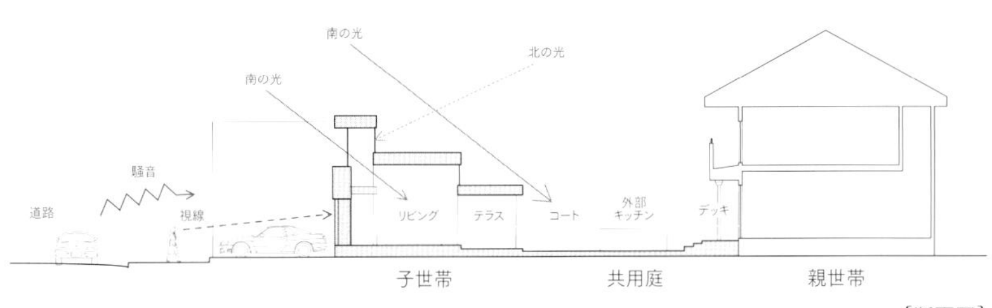



［断面図］

### 設計データ

- 敷地面積…400m$^2$（121坪）
- 延床面積…193m$^2$（58.4坪）
1階／120m$^2$（36.3坪）
2階／73m$^2$（22.1坪）
- 竣工年…2016年
- 用途地域…近隣商業地域
- 建ぺい率…46.5%
- 容積率…48.35%
- 構造・規模…木造2階建
- 構造設計…黒岩構造設計事務所
- 施工…溝江建設株式会社
- 企画・コーディネート…フォルツァ北九州

# 長閑な風景に佇む
# 平屋の住宅

case
9

家族構成........夫婦＋子ども2人
場所...............長崎県佐世保市

## 大屋根の棲家

正面外観（撮影すべて：石井紀久 Blitz studio）

### 建て主が要望した点

若い夫妻は子供たちを育てる環境として、長閑な集落に住むことを選ばれました。敷地周辺に高低差のある立地で、南側の生活道路からは見下ろされる状況にあることから、プライバシーを確保することと、集落の風景に溶け込むような建築を望まれていました。

また、北側隣家は計画地より2mほど下がっており、平屋で建てても隣家に当たっていた日差しを遮ってしまうため、プライバシーを確保しながらも集落に対してオープンな建ち方、隣家に対して今までと変わらない住環境を提供することを設計の主題としています。

### 建築家が工夫した点

建物を北側に寄せて配置し、南側に庭を設けることで集落側に大きく開放しています。

平屋でありながら床レベルを半地下に掘り下げ、北側隣家に今までと変わらない日差しを提供するとともに、地上から1・2mの高さまで大きく軒を出すことで、塀を設けることなく南側の生活道路からの視線を制御し、プライバシーを確保しています。

建物南北側には基礎を兼ねたコンクリート製カウンターを設けており、室内側からはキッチン、洗面所など、多様な機能を持ち、庭側からは腰を掛けることのできる縁側のような場所になっています。視線が大地へと地続きでつながっていくような感覚を助長させ、集落とゆるやかにつながる建築をめざしました。

## 建築家からのメッセージ

**松山将勝** マツヤマ マサカツ
1968年 鹿児島県奄美大島生まれ
1991年 東和大学建設工学科卒業
1997年 松山建築設計室設立
日本建築学会作品選奨
日本空間デザイン賞住空間部門金賞
日事連建築賞日事連会長賞
日本建築学会建築九州賞作品賞
The International Architecture Award
国際建築賞　他多数受賞

●松山建築設計室
〒812-0011 福岡市博多区博多駅前4丁目25-14 ヒロビル8F
TEL:092-433-1128　FAX:092-433-1138
URL:http://www.matsuyama-a.co.jp/
E-mail:info@matsuyama-a.co.jp

### 家をつくりたい方へのメッセージ

家づくりにはさまざまなアプローチがありますが、その中でも建築家との家づくりは多くの時間を必要とします。住まいは考える時間の蓄積によって、家族だけの特別な場所が次第に浮き上がってきます。家族の暮らしについて深く考える時間を共有できればと思っています。

### 最後に暮らす場所は?

僕がつくってきた建築を振り返ると、生まれ育った奄美大島の原風景が建築に現れていることを実感します。最後に原風景で静かに暮らすことができたらと考えています。

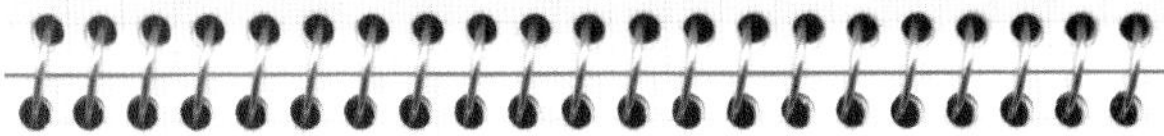

## その他の設計作品

■**父母の家**
奄美大島の厳しい気候風土から生まれた建築

■**小屋の間**
長閑な集落の中に佇む木造の住宅

■**海辺のすみか**
海を眺めながら暮らすことを可能にした建築

上／縁側のような軒下空間
下右／大屋根の木組みが連続する内部空間
下左／地中に入っていくエントランスアプローチ

上／内部は静寂な空間に包まれている
下／南側道路からの全景

**設計データ**
- 敷地面積…425.62m²(128.75坪)
- 延床面積…85.25m²(25.78坪)
- 竣工年…2016年
- 用途地域…第一種中高層住居専用地域
- 建ぺい率…24.85%
- 容積率…18.83%
- 構造・規模…木造平屋建
- 施工…山口弘工務店

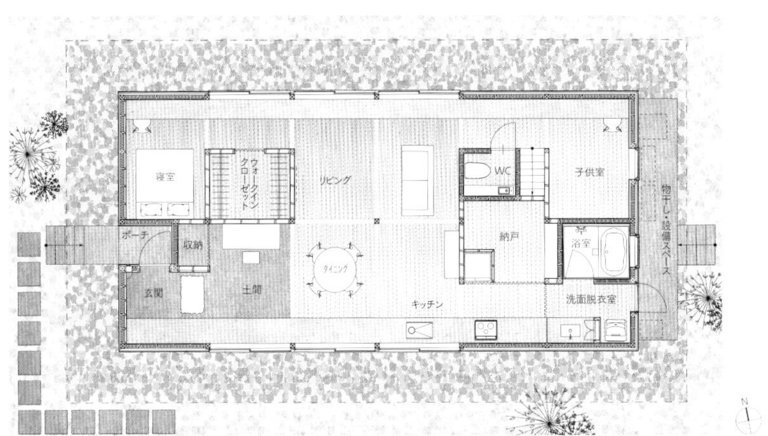

## 建て主が要望した点

敷地は街に近く、その喧騒から離れた閑静な住宅地で、北向き傾斜の小高い丘の中腹にあります。

平屋のように伸びやかで開放的な空間で、時折庭に出て緑に囲まれながら食事をしたいとの要望がありました。室内環境面ではエアコンに頼らない快適な空調環境が前提条件でした。それぞれの場を確保しつつ、家族がゆっくりと本を読んだり勉強をしたり談笑をしたりと、気配を感じながらも気ままに過ごせるようなスペースを設けることによって、新たな家族の過ごし方を模索していました。

外観は周囲に対してプライバシーを確保しながらも圧迫感のない、この地に相応しい凛とした佇まいとなることも希望でした。

## 建築家が工夫した点

シンプルに傘を掛け、外の環境とゆるやかにつなげることで、閉塞感のない住まいとなるようにしました。シルエットの山をなぞるような懐を内部に生かし、広がりのある空間が生まれたと思います。軒深い山形の寄棟屋根は厳しい自然環境から暮らしを守り、日照を調整します。四季の移ろいを映す開口部は豊かな表情を室内にもたらしますが、空調に負荷がかかるため、輻射式冷暖房装置と対流式高性能エアコンを融合した次世代冷暖房システムを採用しました。また、敷地の傾斜とその先の遠景に馴染むようにゆるやかに傾斜をつけ、通りに対して圧迫感をなくし、植栽とも相まってモダンな印象となっています。

# 小屋裏空間を利用した山型の家

case 10

家族構成........夫婦＋子ども1人
場所...............福岡県福岡市

# 山亭

周囲の景観に配慮して圧迫感のない計画（撮影すべて：石井紀久 Blitz studio）

## 建築家からのメッセージ

**三角健晃** ミスミ タテアキ

1975年 福岡県生まれ／1994年 福岡県立城南高等学校卒業／1998年 福岡大学工学部建築学科卒業／2009年 田村の小さな設計事務所設立
[受賞]建築九州賞作品賞（2018年）

●田村の小さな設計事務所
〒814-0175 福岡市早良区田村7-10-15
TEL：092-863-1887 FAX：092-863-1887
URL：https://www.tamura-archi.com/
E-mail：misumi_archi@ybb.ne.jp

### 住宅設計で大切にしていること

想いをデザインする当事務所は、家づくりを「お手伝いする」という姿勢を大切にしている設計事務所です。建て主完全参加型のプロジェクトを推進しています。対話を通じて生まれるハッピーアクシデント。家づくりの楽しさをご一緒に共有し、愛着のある住まいにしていきましょう。

### 大切にしている時間はありますか？

家族と休日を過ごすことです。公園で遊んだり、虫とりをしたり、魚とりをしたり。自然とふれあう機会が増えてとてもリフレッシュできています。日々の様子をブログでもご紹介していますので、ぜひのぞいてみてください。

## その他の設計作品

■緑箱の家
ビニールハウスを併設した片流れの家

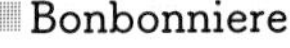

■Bonbonniere
茶の間を中心とした回遊性のある家

■KAKUREYA
田園風景に建つ吹き抜けの家

上／囲まれた庭は住空間の一部として取り込む
下／吹き抜けを通じて2階のスペースと繋がる

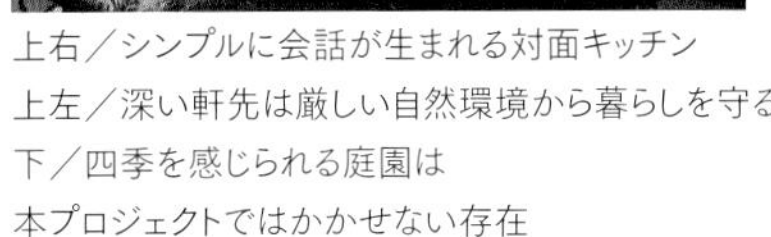

上右／シンプルに会話が生まれる対面キッチン
上左／深い軒先は厳しい自然環境から暮らしを守る
下／四季を感じられる庭園は本プロジェクトではかかせない存在

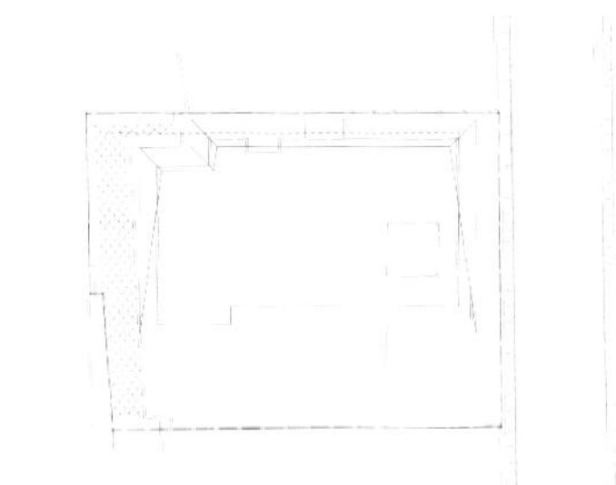

[配置図]

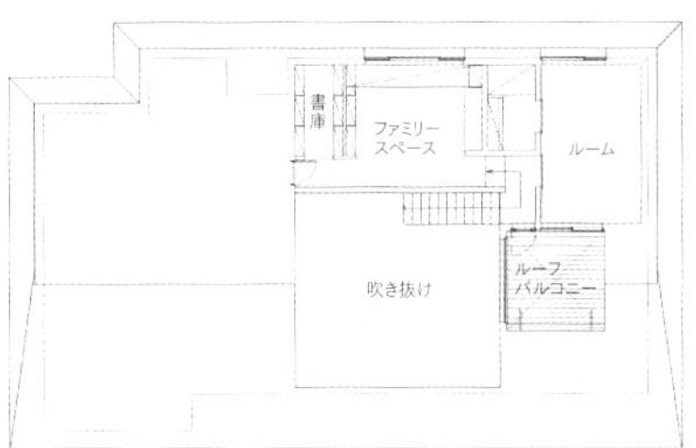


[2F]

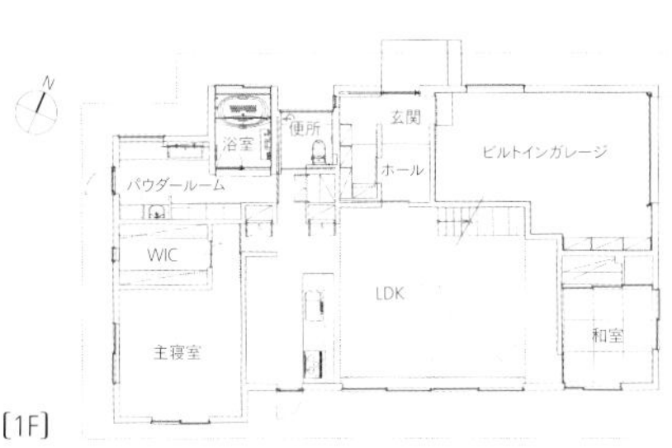


[1F]

### 設計データ

- 敷地面積…329.77m²（99.75坪）
- 延床面積…159.66m²（48.29坪）
  1階／125.04m²（37.82坪）
  2階／34.62m²（10.47坪）
- 竣工年…2017年
- 用途地域…第一種低層住居専用地域
- 建ぺい率…39.91%
- 容積率…42.27%
- 構造・規模…木造2階建
- 施工…株式会社イクスワークス

# ワンルームに
# 奥行きを生み出す工夫

case 11

家族構成........夫婦
場所...............福岡県福岡市

## 志免の家

リビングより中庭を見る（撮影：Kouji Okamoto、イクマサトシ［TechniStaff］）

### 建て主が要望した点

依頼を受けて建て主の家に伺うとダイニング・キッチンを中心に、エイジングされた素材やアンティークの道具で統一された住まいでした。「新築に向けては全く違うシンプルな家を望む」と聞いたときの驚きが今でも記憶に新しく残ります。そして新居では外部を積極的に取り込むような開放的な生活を望まれていました。しかし、諸事情により取得された土地の西側は県道に面し、南側は銀行の駐車場という状況にあり、喧騒と衆目から生活を守るための工夫を必要としました。そこで、壁で囲い生まれた中庭と今回もライフスタイルの中心であるダイニング・キッチンとの関係を軸に計画を進めることにしました。

### 建築家が工夫した点

この住宅の外観は限定された小さな窓が空いた2つのコンクリートの箱です。パブリックなエリアの箱には2つの中庭と日常的に利用する空間とが一体となっています。中庭からリビングまでコンクリートパネルのリズムが連続し、中庭も含めてワンルームという構成にしました。玄関で靴を脱ぐとすぐにダイニングとキッチンを渡るコンクリート製の一枚テーブルが伸びます。この8Mのテーブルと20枚の収納扉、コンクリートのパネルの連続が細長い空間に奥性を与えています。玄関からLDKに至るまで横たわる一枚のデスクが空間の中心であるとともに、接客から家事、食事、書斎などのオールラウンドな役割を持ちます。住み手のスタイルに応じて座位置を選択することで生活に多様性をもたらします。

## 建築家からのメッセージ

**森 裕** モリ ユタカ

1964年 福岡県福岡市生まれ／1983年 福岡県立筑紫丘高校卒業／1988年 九州芸術工科大学芸術工学部環境設計学科卒業／1994年 森裕建築設計事務所設立／1996年（株）森裕建築設計事務所設立

●株式会社森裕建築設計事務所
〒815-0032 福岡市南区塩原4-5-31
TEL：092-542-2707 FAX：092-542-2711
URL：https://www.maostyle.com
E-mail：info@maostyle.com

### 住宅設計で大切にしていること

家への思いを実現すること、それは空間であったり質感であったり、土地への思い入れだったりします。住宅を設計する際は単なる箱ではないいつも何か物語が始まる場所であるという想像を膨らませながら可能性を探っています。

### 趣味は何ですか？

旅です。日常の趣味はあれこれありますが、リフレッシュは旅が一番ですね。面白い計画を詰め込んでいくのも楽しいし、無計画に自然体で行動すると日常の思考から解放されます。

## その他の設計作品

■THE HOUSE OF MOLS
和室

■那珂川の家
隣地に広がる風景

■七隈の家
緩やかに繋がる室内

上／ダイニングより中庭・リビングを見る
下右／リビングよりダイニング・キッチンを見る
下左／中庭より室内を見る

上／道路よりコンクリート打放しの外観を見る
下／俯瞰にて建物を見る

［断面パース］

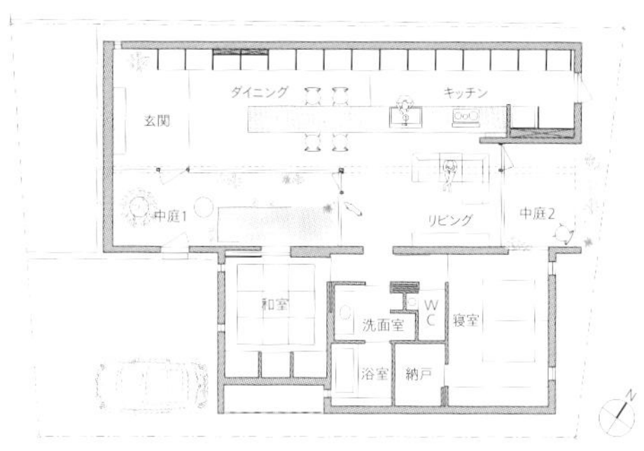



［平面図］

### 設計データ

- 敷地面積…219.54m²（66.52坪）
- 延床面積…113.68m²（33.44坪）
- 竣工年…2017年
- 用途地域…第二種住居地域
- 建ぺい率…52.85%
- 容積率…51.78%
- 構造・規模…鉄筋コンクリート造 平屋建
- 構造設計…安藤耕作構造計画事務所
- 設備設計…ルート設計
- 施工…株式会社伊佐工務店

case 12

家族構成........夫婦
場所...............福岡県北九州市

# 鞘ヶ谷の家

## 光と緑を採り込む くつろぎの場

上／食堂・居間／開放的な広がり感と同時に包まれるような安心感のある空間となっている（撮影すべて：石井紀久 Blitz studio）
下／南側外観／軒先・塀・緑が重なりながら連続する構成

### 建て主が要望した点

敷地は緑豊かで閑静な住宅地にあります。南西は道路に面し、道路沿いには旧来からの雑多な住宅が並んでいますが、高低差6・3mの北東隣地越しには遥かに景色が広がっています。

要望としては、多忙なご夫婦が互いの時間を大切にしながら快適に過ごすための住宅であること。環境の特性を最大限に生かすこと。また必要な部屋として、リビングに隣接した、趣味・仕事のための大きめの机と書棚を設けた趣味室、客室を兼ねて水屋を備えた茶室を希望されました。

### 建築家が工夫した点

開放的な居間・食堂、それに接し落ち着いた趣味室、離れた印象の茶室、寝室と、その性格に応じた外部との繋がりに配慮することにより、生活のさまざまなシーンにおける心地良い居場所を設えています。居間・食堂は、柔らかな木質、漆喰と相まって穏やかな空間となっています。パノラマ状に景色を枠取る出窓は、腰掛けての快適な窓辺の空間としても生きるよう注意を払いました。趣味室には3m×2・5mの机を設け、2人は趣味、仕事と思い思いに時を過ごすことができます。茶室は、閑やかな離れの趣で、柔らかな陰影と自然を親密に感じることができる空間となっています。

高さを抑えた軒深い外観は、濃いグレーの左官仕上げの外壁を植栽と板塀で囲い、周囲と馴染みながらも凛とした佇まいとなっています。

## 建築家からのメッセージ

**柳瀬真澄** ヤナセ マスミ

1954年 福岡県生まれ／1977年福井大学建築学科卒業／1985年 柳瀬真澄建築設計工房設立／2008年 第2回建築九州賞 JIA特別賞／2017年 第11回建築九州賞作品賞、第30回福岡県美しいまちづくり建築賞大賞／2018年 第12回建築九州賞作品賞、第23回くまもとアートポリス推進賞推進賞 他多数／九州産業大学非常勤講師

●柳瀬真澄建築設計工房
〒810-0024 福岡市中央区桜坂1-8-3 ホッホバウム桜坂 002号
TEL：092-761-8003　FAX：092-761-0840
URL：http://www.yanase-arc.com/
E-mail：light-m@yanase-arc.com

### 住宅設計で大切にしていること

何か形をデザインすることにより空間を演出するのではなく、自然や環境と内部とのつながりや距離感を、柔らかく調整することにより、豊かな住環境を設えること。デザインが住まいのより良い背景であること。時間を経ても、なお愛着を持って住み続けることができる住まいでありたいと思います。

### 趣味は何ですか？

休日の午前は水泳。ゆっくりと泳ぎ、午後は予定がなければ、映画か本を読んで過ごします。
旅行。日々の些事を離れ、美しい野山や街の雑踏を経巡り、優れた建築を見て旅することにより、さまざまな文化や自然……それを取り巻く何かに接する喜び。

## その他の設計作品

■福重の家

■gallery cobaco

■田尻の家

上／食堂、左に趣味室：居間より続く化粧梁は、食堂・趣味室をおおらかに包みこんでいる
下／食堂より玄関・趣味室：同一の格子戸で柔らかく仕切られる

茶室／閑かな庭に面する静謐な空間

趣味室／やや閉じた思索に相応しい空間

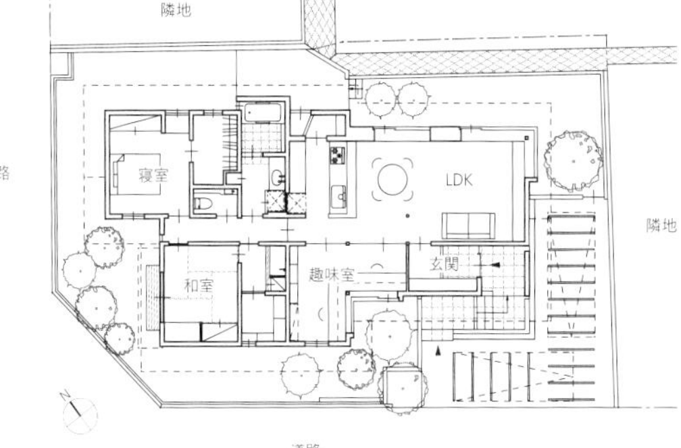


**設計データ**

- 敷地面積…266.73m²（80.82坪）
- 延床面積…104.31m²（31.60坪）
- 竣工年…2016年
- 用途地域…第二種住居地域
- 建ぺい率…39.82（40）％
- 容積率…39.11（160）％
- 構造・規模…木造平屋建
- 施工…山下建設株式会社
- 受賞…第11回建築九州賞作品賞、第31回福岡県美しいまちづくり建築賞優秀賞

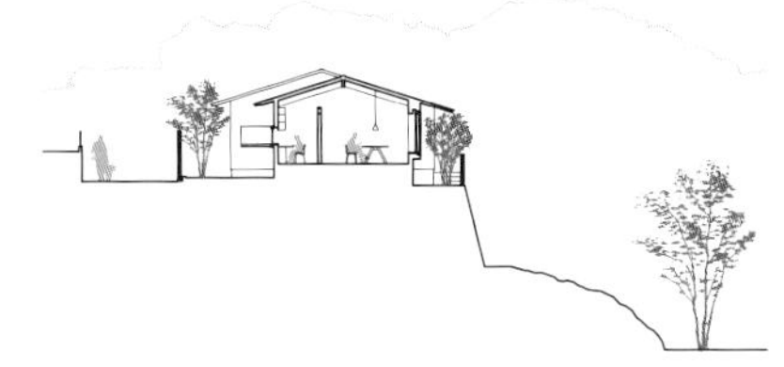

## 時を刻む
## エコロジカルな家と事務所

case
13

家族構成……夫婦＋子ども3人＋犬1匹＋猫1匹
場所……福岡県福岡市

# 唐原の事務所併用住宅

南立面。東（写真右）には田園風景が広がっている（撮影：鳥村鋼一）

### 建て主が要望した点

自邸兼事務所ですので、妻から「家族全員分の洗濯物と布団が干せること、家事動線がスムーズなこと」という要望以外は私に任せてくれました。そこで今までの経験を踏まえて、「理想的な住宅とは」と自問自答し次のようにテーマを設定しました。①周辺環境を生かすこと②極力エネルギーを使わずに快適に過ごせること③完成した時がピークではなく経年変化で美しくなること④事務所も含めて家族の成長の変化に対応できること。

### 建築家が工夫した点

この建築は見る角度により表情が様々ですが、それは不整形の土地を生かす変形プランと立面の凹凸によります。昔の日本家屋の深い庇は、夏の日差しをカットし冬の日差しを取り入れる役割をしていますが、そのような効果を凹凸で実現しました。深い軒下や南側バルコニーではＢＢＱや食事をよくしており、西側バルコニーでは洗濯物が雨に濡れるのを防いでいます。外壁は無塗装でも50年は腐らないというアフリカの木材を使用しており、今はシルバーグレーに変化して味のある風情になりました。外側には分厚いセルローズファイバーを吹き込み断熱性の高いサッシにしたため、冷暖房を使用する時間が大幅に短くなりました。深夜電力を利用し土と基礎コンクリートに蓄熱させる床暖房や薪ストーブを採用し、一年を通して快適に過ごしています。

福岡県
佐賀県
熊本県
宮崎県

## 建築家からのメッセージ

**矢作昌生** ヤハギ マサオ

1966年 京都府生まれ、東京都育ち／1989年 日本大学理工学部海洋建築工学科卒業／1989−92年 設計組織ADH勤務／1996年 南カリフォルニア建築大学(SCI-Arc)大学院修了／1994−96年 Neil M.Denari Architects勤務／1997年 矢作昌生建築設計事務所設立／2017年− 九州産業大学教授

●矢作昌生建築設計事務所
〒813-0001 福岡市東区唐原5-10-8
TEL:092-719-0456 FAX:092-719-0455
URL:http://www.myahagi.com/
E-mail:info@myahagi.com

### 住宅設計で大切にしていること

家族のライフスタイルや嗜好はさまざまです。また、その土地が持っている環境もそれぞれです。できる限り真っ白な気持ちで建て主に寄り添い、その場所の魅力を引き出して、「作品」ではなく家族とともに成長して行く「家」を設計して行きたいと考えています。

### 興味のあることはなんですか?

建築が人を幸せにできる可能性。できる限り自然の力で快適に暮らせる家。竣工時が最高ではなく、50年後、100年後に更に良くなっている建築。時を刻む素材。そのような好みのせいか、古い車を大切にして長く乗っています。

## その他の設計作品

■あいレディースクリニック
(沖縄県沖縄市)

■行橋の住宅
(福岡県行橋市)

■津屋崎海岸のスタジオハウス
(福岡県福津市)

北西立面。西にはJRの線路、南には大学

**設計データ**
- 敷地面積…181.87m²(55.01坪)
- 延床面積…161.07m²(48.72坪)
1階/61.82m²(18.70坪)事務所・ガレージ含
2階/56.11m²(16.97坪)
3階/43.14m²(13.04坪)
- 竣工年…2017年
- 用途地域…第一種低層住居専用地域
- 建ぺい率…43.04%
- 容積率…79.73%
- 構造・規模…鉄骨造3階建
- 構造設計…構造設計室なわけんジム(名和研二、荒木康佑)

上/LDK。階段奥にはスタディースペース
中右/LDK。奥に2m幅のバルコニー、上部は寝室
中左/洗面脱衣室。奥には物干専用バルコニー
下/3階子供室からルーフバルコニーを見る

case
14

# 密集住宅地に建つ RC住宅

## プライバシーに配慮した開放感のある家

本体施工費 ....7,000万円
家族構成........夫婦＋子ども2人
場所...............佐賀県佐賀市

### 建て主が要望した点

建て主の主な要望は3つありました。①市街地の密集した住宅街の中で出来る限りプライバシーに配慮すること。②周囲からは見えないように、しかし明るく開放的な住空間とすること。③鉄筋コンクリート造とすること。そのほかには、運気の関係上２０１９年２月１日に着工することが条件でした。

### 建築家が工夫した点

敷地は小城市三日月町の住宅街に位置します。30年程前ハウスメーカーによって分譲された場所。概ね60坪程の敷地面積に住宅が密集して建っている街区でその北東角地に位置します。

５ｍ幅道路に面する計画敷地は東も北も住宅が密集していて、その敷地に建つ木造既存住宅を解体しての建築です。

計画する際、こちらからも住宅密集地で開放的でありながらプライバシーの守られた居住空間とすることを提案しました。それは2階にリビング、ダイニングキッチン＋バルコニーをゆったり設置、1階にビルトインガレージ、浴室、ユーティリティ、子供室（社会人）を設置した案です。

また屋上広場を設け住宅用エレベーターも屋上まで1階から直接行けるよう計画しました。建て主は当初からコンクリート住宅を希望されていましたので、コンクリート造の特質を生かした建物としています。生活空間のリビング、ダイニングの天井高は３ｍ。そして有効幅２ｍを超えるバルコニーを約12ｍと敷地幅一杯に、東側前面道路に面して設置しました。

東正面（撮影：石井紀久 Blitz Studio）

## 建築家からのメッセージ

**三原宏樹** ミハラ ヒロキ

1954年 佐賀県生まれ。NPOまちづくり研究所代表理事、NPOさが環境推進センター代表理事等兼任、研究は組立式家具及び組立式家具の製造方法2018年特許取得

［受賞］JCBA全国建築コンクリートブロック工業会JCBA賞、こだわりの設計賞等多数

●株式会社 アルフデザイン
〒849-0937 佐賀市鍋島3-5-26 アルフデザインビル1F
TEL:0952-33-8961　FAX:0952-33-8962
URL：http://www.alph-design.com
E-mail：mihara@alph-design.com

### 家づくりへのアドバイス

建物をつくるのは、そこに住む人の人生を形づくることなのかも知れません。空間に趣味趣向を一杯入れるのか、逆に趣味趣向の入らない白紙の空間で、暮らす人が自分でつくりあげていく楽しみを残しておくのか。いずれにせよ家づくりを楽しみましょう。

### 趣味は何ですか?

学生時代音楽活動をしていました。今でも時々楽器を演奏します。昔はウエスタンのペダルスチールを担当していましたが、今はピアノでジャズを奏でています。頭の中をリセットするのに役立てています。

## その他の設計作品

**HK-House**
上／RCの無機質な質感と天然木の優しい質感
中／センターコートの光と内部の光
下／光源を見せない照明の光で外部を演出

上／2階キッチン・ダイニング
中／2階リビング・ダイニング
下／北東夜景

**設計データ**
- 敷地面積…203m²（60坪）
- 延床面積…180m²（54坪）
1階／98m²（30坪）
2階／75m²（22坪）
R階／7m²（2坪）
- 竣工年…2019年
- 用途地域…無指定地域
- 建ぺい率…56%
- 容積率…88.66%
- 構造・規模…
鉄筋コンクリート造2階建
- 構造設計・設備設計…
株式会社アルフデザイン
- 施工…桑建設株式会社

［2F］

［1F］

case 15

# 近見の家

家族構成........夫婦＋子ども3人
場所...............熊本県熊本市

## プライバシーが守られた、とっても明るい高断熱の家

### 建て主が要望した点

熊本地震で被害が酷かったこの地域。この場所に建っていた旧宅も液状化で傾き、解体を余儀なくされる。交通量の多いバス道路に面した角地のため、プライバシーを守ることが第一条件。家族5人（夫婦＋子ども3人）が暮らすための諸室と事務所。駐車場2台＋来客用1台。家の中が明るくて、家族の気配を感じられる、暖かい家。また、地震被害に遭っていることから、地震に強い家も要望しました。

実際1年半住んでみて、要望通りプライバシーが守られたとっても明るい住宅になっており、満足しています。冬もまったく寒くなく、58坪の家を9坪のエアコン1台で賄えることに驚いていますし、光熱費も安くすむので助かっています。

### 建築家が工夫した点

西側と北側が道路に面した角地だったため、プライバシーを守るためにその2面の1階にはほとんど窓を設けていません。また南側も広い駐車場があり、極力窓を設けない設計にしています。その分、東側に大きな窓を設けて十分な採光を確保し、LDKに吹抜けを作ることで建物の奥まで光が届く工夫をしています。また子供部屋の個室化を避け、気配を感じられるように吹抜けに面して子供部屋を配置し、引戸のランマ部をオープンにすることで音や光を確認できるようにしています。断熱性能もHEAT20G1程度になっており、太陽光パネルも設置したZEH住宅であり、構造は耐震等級3を確保した長期優良住宅となっています。

交通量の多い道路（北西側）から見た外観（撮影：Y. Harigane）

## 建築家からのメッセージ

**堺 武治** サカイ タケハル
1968年 熊本市生まれ／1993年（有）SDA建築設計事務所入所／1999年 堺武治建築事務所設立
［資格］一級建築士／住宅医／木造住宅耐震診断士／熊本県ヘリテージマネージャー／被災建築物応急危険度判定士／くまもと県産木材アドバイザー

●一級建築士事務所 堺武治建築事務所
〒861-4101 熊本市南区近見2-13-29
TEL：096-353-0805 FAX：096-353-0809
URL：http://www.sakai-takeharu.com/
E-mail：info@sakai-takeharu.com

**住宅設計で大切にしていること**

住宅は、「人を幸せにする場」であってほしいと思っていますので、家族が暮らし始めて、幸せな暮らしを送っていけるかどうかを常に考えています。そのために、家族のライフスタイルを形にすること（建て主の想い・こだわり・好みを理解して、住む人の夢を現実化すること）が私の仕事だと思っています。

**建築設計という仕事をなぜしているのか？**

小学校1年生の時に大工になりたいと思っていましたが、6年生の卒業文集では建築設計者になりたいと書いています。そのまま想いは変わらず、夢が叶った幸せ者です。根っからの建築好きで、大好きなことがそのまま仕事になっている状態です。設計って、楽しくてしょうがないです！

## その他の設計作品

■**豊崎の家**
大手ハウスメーカーの家をリノベーションした住宅
（撮影：Y. Harigane）

■**西片町の家**
築30年の純和風木造住宅をリノベーションした住宅
（撮影：Y. Harigane）

■**西原村河原団地**
設計チームKulosで設計監理を行った災害公営住宅

上／朝日が差し込むLDK+和室6帖。輻射式冷暖房パネルが見える
下／夜のLDK。2階吹抜けの奥が子供部屋

上右／玄関ドアを開けると、正面に光庭有り
上左／子供部屋。将来は、中央で2分割可能。ランマ部OPENとしている
下／廊下より吹抜けを見る。東側の窓から十分な光が差込む

**設計データ**
- 敷地面積…214.68m²（64.94坪）
- 延床面積…191.38m²（57.89坪）
1階／89.35m²（27.03坪）
2階／102.03m²（30.86坪）
- 竣工年…2018年
- 用途地域…工業地域
- 建ぺい率…56.99%
- 容積率…89.14%
- 構造…木造2階建
- 構造設計…きいぷらん
- 設備設計…堺武治建築事務所
- 施工…有限会社 ウエダホーム

case 16

家族構成……夫婦＋子ども1人＋夫妹
場所……熊本県八代市

# T. house in 鏡町

## 大屋根にいだかれた暮らし

家全体をおおらかに包む天井と大屋根

### 建て主が要望した点

先年の熊本地震は、ふるさとに大きな傷跡を残しました。比較的被害が少なかった八代平野にも、その影響は少なからず及んでいたようです。建て主は「今回は少ない被害で済んだけれど、古い家屋で将来の不安が残る」と、意を決して新築の依頼をされました。

加えて「災害の時以外にも、健やかに過せる、光や風が通る素直な平屋を」とも。住むということが、ひとえに安息の場所を必要とする限り、私たち設計者は、その強さにも心地よさにも誠実に向き合わなければなりません。建て主が求めた新居には、平凡な市井の人びとに共通する謙虚な暮らしの姿が素直に映し出されているように思います。

### 建築家が工夫した点

周りを水田と集落に囲まれた敷地は、幸い陽当りや風通しも良く広さにも恵まれた、平屋の建築には理想的な環境でした。あらかじめ用意したアンケートやヒアリングから浮び上った要望に対して、素直にプランを組み立てていくと、稚拙とも言えるくらいの廊下を中心としたものになっていきました。単純なプランとは言え、おおらかに気持ち良く過せる空間には工夫が必要です。

異形な平行四辺形の敷地に合わせた平面形態に、大きな切妻の屋根を架けています。

大屋根の下には南北をつなぐ大建具と中廊下、天井や床の素材感と一体となって、この住まいを、間取り以上に豊かなものにしています。

## 建築家からのメッセージ

**西山英夫** ニシヤマ ヒデオ

1959年 熊本県生まれ／1982年 熊本工業大学建築学科卒業／1982年 神戸大学工学部環境計画学科研究生／1983年 いるか設計集団 参加／1991年 西山英夫建築環境研究所 開設
崇城大学工学部非常勤講師／日本建築学会作品選集、建築九州賞作品賞くまもとアートポリス推進賞 他多数

●西山英夫建築環境研究所
〒860-0047 熊本市西区春日1-14-23
グリーンコーポ熊本412
TEL：096-351-1215 FAX：096-351-1215
URL：http://www.hn-aa.com
E-mail：hnaa@hn-aa.com

### 住宅設計で大切にしていること

私たちの暮らしが、いつのまにか諸々のカタログに埋められているような気がします。自動車と同じように、住宅も建てるものから商品を買うものになってきました。豊かな暮らしの原点には、数値化できない素敵な部分を残しておきたいものです、日々是好日。

### 休日の出会い

ネット通販が普及し、真夜中でも買い物ができる便利な世の中ですが、そんな振る舞いに満たされなくなることがあります。休日の午後、建築雑誌を求めに入った書店から出ると、手元には文庫本。そんな偶然の人生に惹かれています。

## その他の設計作品

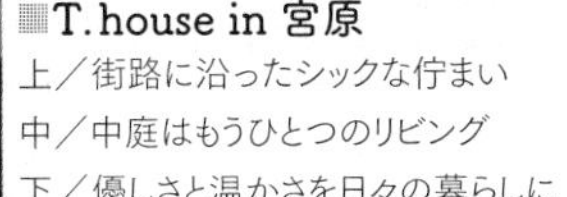

■T.house in 宮原
上／街路に沿ったシックな佇まい
中／中庭はもうひとつのリビング
下／優しさと温かさを日々の暮らしに

素直でさわやかな平屋の佇まい

内と外をつなぐシンプルな軒下空間

上／木材、金属、左官…各々のコラボレーション
下右／木質が優しい明るいリビングルーム
下左／南北の風通しと開放感のある屋内空間

### 設計データ

- 敷地面積…571.35m²（172.9坪）
- 延床面積…166.56m²（50.4坪）
- 竣工年…2018年
- 用途地域…第一種中高層住居専用地域
- 建ぺい率…30.38%
- 容積率…29.16%
- 構造・規模…木造平屋建
- 施工…薮田建設

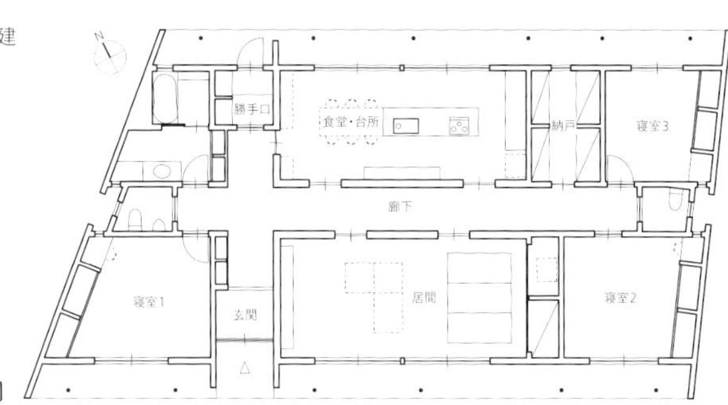

### 建て主が要望した点

自然豊かな郊外の古い集落での建て替えです。田舎の、のんびりした環境とは裏腹に、古い村には〝シキタリ〟などがあり、都会の個人主義ではすまない、まわりの人々との関係性も、潤いある生活を送る大切な要素です。

そんな集落で生まれ育ったご主人と奥様、2人の子供とこれからの生活を気兼ねなく、楽しく、幸せに暮せる家。今後の人生を考え、夫婦2人だけになってしまう可能性もあります。自分達の変化、そして地域の変化、自然の変化にしっかり順応し共生していける住まいが希望でした。

### 建築家が工夫した点

地域との関係を順応化するために、家を外に開くこと、つまり極力壁を無くすことで、実体としての壁とともに、心の壁がないことを暗示として表すことを考えました。そのために中の様子が外から感じられるよう外に向って開口を多く取っています。一方、見えすぎるとプライバシーがなく落着かないため、開口部に格子を3列に並べ、少しづつ〝ズラス〟ことで、内で何が行なわれているかは分からないが、気配のみ伝わるように配慮しました。こうすることで、内と外＝家と地域が緩やかにつながり、人との関係性も優しく、育まれることを願っています。

具体的な間取りは、将来夫婦2人になった時、コンパクトな生活ができるように、夫婦の寝室－LDK－洗面－浴室－トイレまでをワンルーム的につなぎ、洗面などの水周りは温かな南面にしました。

## 格子の先にみえるもの

case 17

家族構成........夫婦＋子ども2人
場所...............熊本県荒尾市

# ラティスハウス

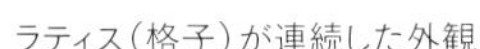
ラティス（格子）が連続した外観

## 建築家からのメッセージ

**村田明彦** ムラタ アキヒコ
1968年 熊本県玉名市生まれ／1992年 明治大学工学部建築学科卒業／2003年 村田建築設計所／2015年（株）村田建築設計所設立
[受賞歴] 熊本県アートポリス推進賞（2008・11・12年）／JIA住宅優秀賞（2009年）／福島県建築優秀賞（2011年）／熊本県木造住宅コンクール最優秀賞（2013・14年）

●村田建築設計所
〒865-0025 熊本県玉名市高瀬395
TEL：0968-57-9858　FAX：0968-57-9868
URL：http://www.arch-mura.com/
E-mail：aki@arch-mura.com

### 家づくりへのアドバイス

家を作る目的は「家族が健やかに、幸せに過ごせる」こと！そのための手段である“快適性”“構造強度”“見ための良さ”などがいつしか目的になってしまっていないでしょうか？ 時流に流されず、自分らしい暮らしのために家はあると思っています。

### 家で一番好きな場所は？

気分屋な私は好きな場所が日々変わります。一人になりたいとき、家族と騒ぎたいとき！ だからこそ、場とはそこで何がなされるかが重要だと思っています。ただ場を作るのではなく、吹きガラスに魂を吹き込むように、心の通う空間＝場所！作りたい。そんな場が一番好きです。

## その他の設計作品

■地獄温泉 すずめの湯
露天風呂

■裏乃カフェ
ガラス張りのRC造

■金魚と鯉の郷カフェ
ガラス張り木造

右／ダイニングからみたリビングの様子
左／格子で守られた玄関アプローチ

上／ダイングルームから外の景色
下右／リビング-ダイニングのつながり
下左／リビング横の温かな中庭

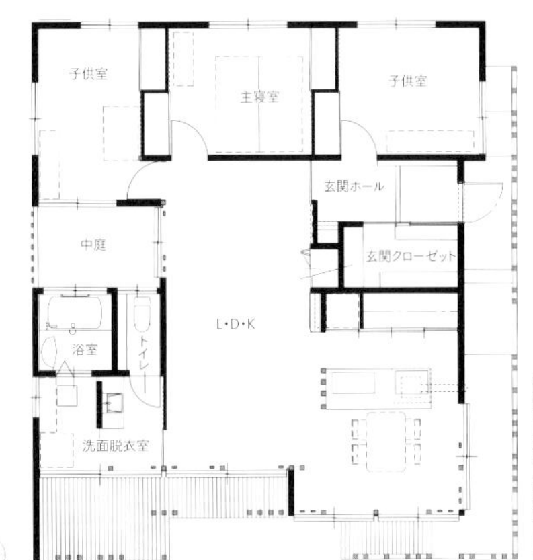



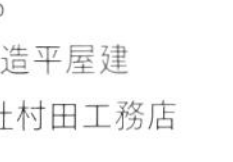

### 設計データ

- 敷地面積…340.13m²（102.89坪）
- 延床面積…95.55m²（28.90坪）
- 竣工年…2014年
- 用途地域…無指定
- 建ぺい率…60%
- 容積率…200%
- 構造・規模…木造平屋建
- 施工…有限会社村田工務店

## 建て主が要望した点

建て主の要望は大きく3つありました。1つ目は「車2台がゆったり駐車できるビルトインガレージと、それにガラス張りで隣接する書斎」。2つ目は「周囲からの視線をできるだけカットしプライバシーが守られたＬＤＫ」。そして「一部コンクリートの打放しを使いたい」の3点です。

その他の細かな要望も明快で、スクエアなデザインが好きであったりと、理想の家について明確なイメージがありました。

## 建築家が工夫した点

まず、東の道路に面する間口一杯に杉板型枠コンクリート打放しのボリュームを置きました。

ガレージの入口を道路に近接したところではなく、コンクリート打放しのゲートをくぐった先の敷地奥にビルトインガレージを設けることで、街並みに対しての圧迫感を抑えながら印象的なファサードとなるよう、ボリュームやバランスを調整しました。

コンクリート打放しのボリュームと、ビルトインガレージに挟まれた部分にＬＤＫ・テラス・庭を配置し、庭の南に縦の木製ルーバーを設けて周囲の視線をカットしました。それだけではやや閉塞感が生じたので、リビングに吹抜を設けて開放感を演出し、プライバシーを守りながらも風や光が心地よく通り抜ける空間としました。

# 愛車と暮らす セミコートハウス

case 18

家族構成……夫婦＋子ども2人
場所……宮崎県宮崎市

# Residence M

東側外観。間口一杯の打放しのボリューム
（撮影：studio marsh 沼口紀男）

## 建築家からのメッセージ

**石躍健志** イシオドリ タケシ

1977年 鹿児島県生まれ／1997年 国立都城工業高等専門学校建築学科卒業／1997年 竹中工務店／1999年 新留建築設計事務所／2004年 COGITE／2008年 石躍健志建築設計事務所設立／2016年 国立都城工業高等専門学校建築学科 非常勤講師

●株式会社 石躍健志建築設計事務所
〒880-0873 宮崎市堀川町18-10 AKHC 101
TEL：0985-71-2026　FAX：0985-71-3348
URL：http://www.odr-a.com
E-mail：ishiodori@odr-a.com

### 住宅設計で大切にしていること

設計においてデザインは、機能と一体の関係なので本来なされて当り前のことです。美しく、良いデザインと感じるものは機能や納まりやバランスを深く追求した結果です。そんな「当り前のこと」に真摯に取組みクライアントのための空間を作りたいと考えています。

### 趣味は何ですか？

テニス、登山。テニスではマスターズ大会全国制覇を目指しています。登山では九州百名山全山登頂を目指しています。どちらも仕事におけるインスピレーションやメンタルコントロールにはかかせない、生活の重要な一部です。

## その他の設計作品

Renovation A

長島の住宅

Lanch House

LDK

上／書斎からビルトインガレージを見る
中右／キッチンよりLDを見る
中左／LDKから中庭を見る
下／外観夕景

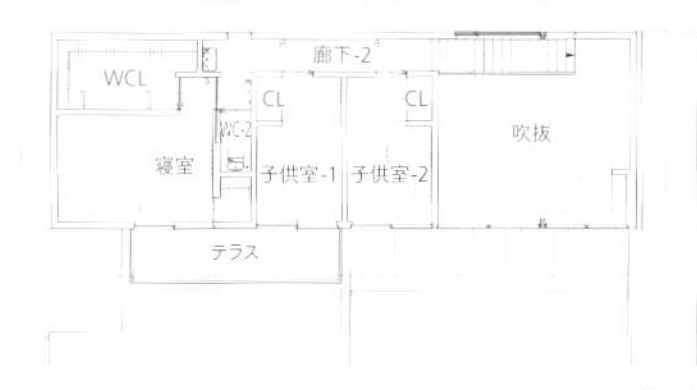


[2F]

### 設計データ

- 敷地面積…308.40m²（93.29坪）
- 延床面積…191.82m²（58.02坪）
1階／145.13m²（43.90坪）
2階／46.69m²（14.12坪）
- 竣工年…2019年
- 用途地域…第二種住居地域
- 建ぺい率…60%
- 容積率…200%
- 構造・規模…木造一部鉄筋コンクリート造2階建
- 構造設計…AS建築 田中良治
- 施工…株式会社 高妻組

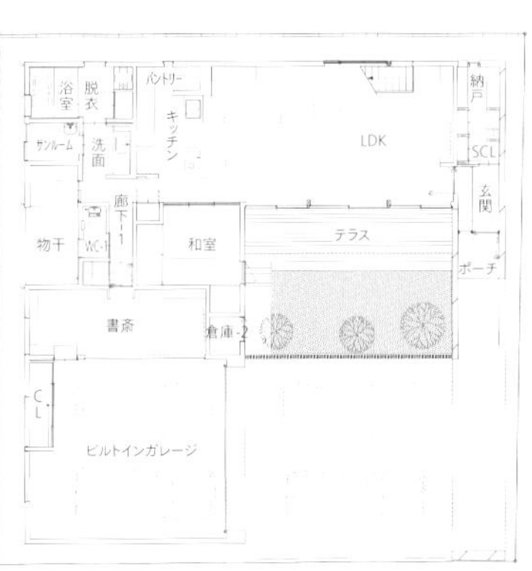


[1F]

# 音楽室のある家

case 19

家族構成……夫婦＋子ども1人
場所……宮崎県都城市

## 妻ヶ丘町の家

1・2階吹き抜けの空間（撮影：studio marsh 沼口紀男）

### 建て主が要望した点

宮崎県の南西部、鹿児島県との県境に位置する都城市の郊外に建つ専用住宅です。周辺には小・中学校があり、閑静な住宅街に位置しています。建築が好きで、毎日のように建築サイトを見ているというご主人からお話をいただきました。まずは、とにかくシンプルな家にしたいという要望でした。平面プラン・建物の形状・そして生活もシンプルなものにしたいということで、計画がスタートしました。

また、息子と一緒にピアノを弾くためのスペースが欲しいので、防音性にも優れた家づくりにしてほしいと要望されました。

### 建築家が工夫した点

間取りに関しては、家のどこにいても家族の気配を感じられる空間にしたいとのことでしたので、間仕切り壁を極力なくし、吹き抜けを介して1階の生活空間と2階のプライベート空間を緩やかにつなげる計画としました。建物の形状は勾配のついたシンプルな箱型とし、建物の水平ラインと外壁の縦ラインを組み合わせたデザインとしました。また防音性に関しては、家全体の開口部を最小限に抑え、高い位置に配置したスリット窓から採光を確保し、壁については意匠性も兼ねて、一般木造壁＋コンクリートブロックの2重壁とすることで、より防音性を高める計画としました。

1階は土間仕上げで吹き抜けの空間ということもあり、冬の生活が気になっていたのですが、エアコンと深夜電力を利用した蓄熱暖房をうまく組み合わせることで、快適に過ごされているようです。

## 建築家からのメッセージ

**大薗貴洋** オオゾノ タカヒロ

1975年 宮崎県生まれ／1994年 宮崎県立都城西高等学校卒業／2005年 九州理工学院卒業／2005年（株）ライフ建築設計事務所入社／2012年（株）I-PLAN入社／2013年 OOZONO設計設立／2016年（株）ライフ建築設計事務所に改称・法人化

●株式会社ライフ建築設計事務所
〒885-0081 宮崎県都城市鷹尾3-11-2
TEL：0986-22-6120　FAX：0986-51-5667
URL：http://www.life-archi.net
E-mail：ozono@life-archi.net

### 印象にのこっている家づくり

独立して一番最初に設計させてもらった、妹夫婦の家です。プランニングだけで約1年掛けてつくった家で、建築主・工務店と一緒に手探りでつくりあげていきました。あの家づくりが今でも自分のベースになっていますし、あの時の感覚をこれからも大切にしていきたいと思っています。

### 興味のあること

元々好きだった、音楽と映画はよく鑑賞しています。なかでも映画は、たまに自分と好きな作品が似ている人に出会ったりすると、時間を忘れて話し込んでしまいます。野球は小学3年から高校3年までやっていたので、今は見るだけですがやはり好きです。あと最近は、ドラムにハマっています。

## その他の設計作品

■清武町の家
上／のどかな田園地帯に建つ、平屋の住宅
中／解放感のあるリビング
下／夕暮れ時の外観

ガルバリウム鋼板張りの外観

開放的な玄関ホール

上／寝室から子供部屋を見る
中／子供のための音楽室
下／夕暮れ時の外観

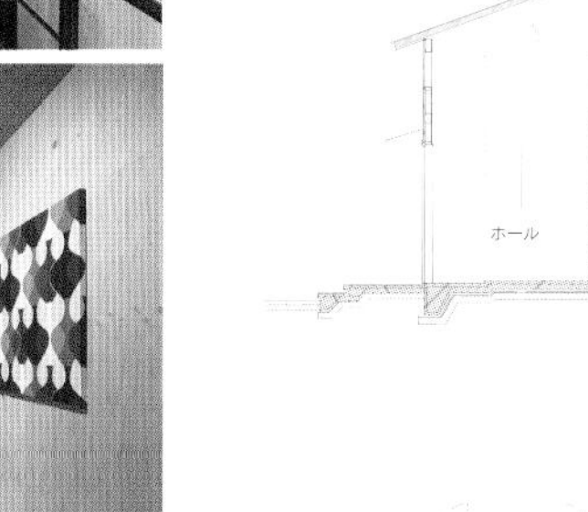


［矩形図］

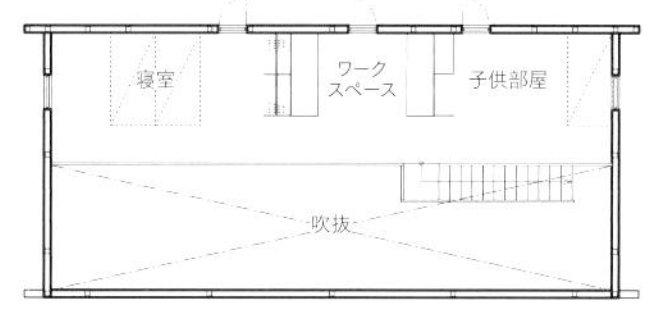


［2F］

［1F］

### 設計データ

- 敷地面積…227.48m²（68.81坪）
- 延床面積…110.82m²（33.52坪）

1階／73.00m²（22.08坪）
2階／37.82m²（11.44坪）

- 竣工年…2017年
- 用途地域…第一種中高層地域
- 建ぺい率…80%
- 容積率…200%
- 構造・規模…木造2階建
- 施工…株式会社弓削建設

## 光庭のある家

case 20

本体工事費 ....1,950万円
家族構成........夫婦
場所...............宮崎県串間市

# 東町に建つ家

### 建て主が要望した点

木材をふんだんに使って、白を基調とした内外装で、小さく限られた広さでも広く明るい家を希望しました。リビングから庭を開放感のある空間にして、友達を気持ちよく招けるようにお願いしました。また、リビングや庭と隣接した離れの茶室のような和室など、解放的ながら心安らぐ空間も出来、私たちの要望が詰まった小さくても大きな家を実現していただきました。

### 建築家が工夫した点

サーフィンが趣味の建て主は、大勢の友達とＢＢＱを楽しむことができる住まいを要望されました。計画に当たって外部からでも気軽に出入りでき、リビングからも一体的に利用できるプランとしました。野外で楽しむことが多いので、周辺とのプライバシーに考慮した見え隠れする木柵を設け、外部から丸見えにならないようにするとともに、楽しい雰囲気を醸し出せるようにしました。内部空間づくりにおいては、暗くなりがちな住まいの中心部に通風採光の確保のための小さな光庭を設けることで、心地良い空間をつくり出しました。

小さな庭に風が通るとは思われないかもしれませんが、光庭の空間が煙突のような役割を果たし、風を呼び込み風通しの良い快適な空間をつくり出しているのです。生活した感想を伺うと思った以上に風が通り抜けて、夏は大変涼しいというコメントをいただきました。また、中庭の光で明るく快適な空間をつくりだすことができました。

BBQを楽しむ野外空間［夜の部］

## 建築家からのメッセージ

**河野秀親** カワノ ヒデチカ

1949年 宮崎県串間市生まれ／1972年 工学院大学専修学校建築学科卒業、京浜急行電鉄東海興業に勤務（ー80年）／1981年 レモン設計室開設／1994年 自邸（宮崎県住宅コンクール入選）／1996年 有明町蓬の郷（グッドデザイン賞）／2016年 森のユートピア館（木材利用優良施設会長賞）／2017年 薫坂に建つ家（宮崎県木造住宅コンクール入賞）

●レモン設計室
〒888-0013宮崎県串間市東町19-15
TEL：0987-72-5489
URL：http://www.lemon-kushima.com
E-mail：popolemo@lemon-kushima.com

### 住宅設計で大切にしていること

建て主のライフスタイルや価値観を尊重した設計を心がけ、プランにおいては視線をコントロールしプライバシーを確保することに気を配っています。また、住まいは長く住み続ける空間です。家族の成長とともに住まいも成長する家づくりを心がけています。

### 趣味は何ですか？

見知らぬ街へのワクワクする旅をしながらその街で出会う建築や街並みの美しい写真を撮ることです。又、その街の歴史文化に触れると共に美味しい料理と美味しい酒を飲むことができたら幸せです。

## その他の設計作品

■スキップフロアーのある家
上／食堂と階段の空間
右／階段空間
左／外観

通風採光に効果的な光庭空間　　光庭の見える食堂空間

右／化粧室から見える光庭空間
左上／通風採光に効果的な光庭空間
左中／吊押入のある和室は客間として利用
左下／BBQを楽しむ野外空間［昼の部］

**設計データ**

- 敷地面積…582.32㎡（176.15坪）
- 延床面積…95.28㎡（28.81坪）
- 竣工年…2018年
- 用途地域…第2種住居地域
- 建ぺい率…60%
- 容積率…200%
- 構造・規模…木造平屋建
- 施工…加藤建設

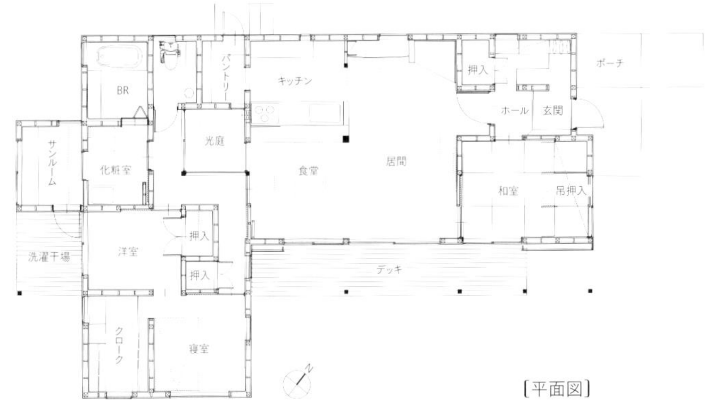


［平面図］

# 2階にパブリックスペース

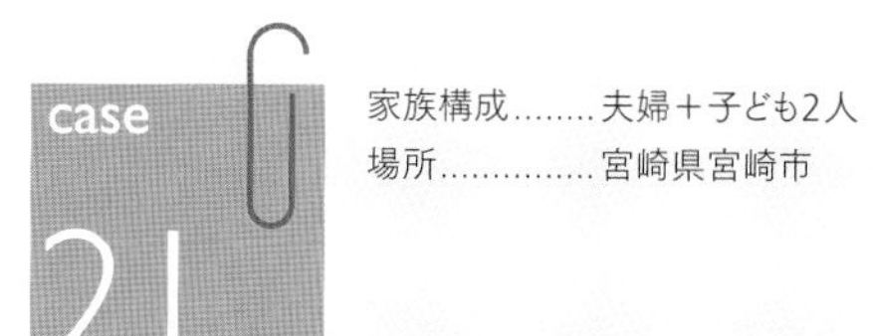


家族構成……夫婦＋子ども2人
場所……………宮崎県宮崎市

# 江南の家

江南の家は住宅団地内の祖母の家を建て替えたもの

## 建て主が要望した点

祖母の残した平家建の建て替えで、敷地は昭和40年代に丘陵地を開発した住宅団地内にあります。

当時の生活スタイルを考慮し、1台分の駐車場と段差のある道路からの玄関アプローチが造成されており、それを前提に建てられた住宅でした。今回、3台分の駐車スペースと玄関までの段差のないアプローチを望まれました。また2階の高さから東方向に宮崎市内を流れる大淀川が一望でき、夏恒例の花火大会を楽しむことも要望されました。

## 建築家が工夫した点

限られた敷地内で、外構スペースとして3台分の駐車場・家族分の自転車置き場・玄関へのアプローチ・給湯器置場、そして植栽スペースを確保すると、室内として使えるスペースは限られてくるため、1階には玄関・玄関物置・クローゼット・寝室・趣味の音楽室・便所を設け、2階に日常生活の場となる居間・食堂・台所・洗面脱衣・浴室・便所・洗濯室・子供部屋などのスペースを設けることを提案しました。

要望としてありました大淀川の夏恒例の花火が、居間からも見えるように東側には腰高の低い窓を設けました。また2階での日常生活をより豊かなものにするために、できるだけ掃き出し窓から出られるベランダを設けるようにしています。江南の家では南側前面に幅1・3mのベランダを設けて、居間・子供部屋・洗濯室それぞれから出られるようにしています。

## 建築家からのメッセージ

**柴 睦巳** シバ ムツミ

1954年 宮崎市生まれ／1982年 工学院大学大学院修士課程修了／1990年 柴設計設立／1994−2010年 南九州大学非常勤講師／2002年− 都城高専非常勤講師、現在に至る

[受賞] 宮崎県木造建築物設計コンクール優秀賞（2000・04・07年）／宮崎県木造建築物設計コンクール最優秀賞（2005・06年）／第1回みやざき木の家コンクール最優秀賞（2017年）

●柴設計
〒880-0841 宮崎市吉村町西田甲643-5
TEL：0985-32-0866 FAX：0985-32-0867
URL：https://sites.google.com/site/chaisheji/（「柴設計」で検索）
E-mail：aad13211@pop07.odn.ne.jp

### 住宅設計で大切にしていること

建て主家族の現在の生活を基本に、過去の生活体験、そして将来の望まれる生活の「ありよう」について、十分な打合せを重ねます。計画にあたっては、生活の中心となる場所を見極め、地域の自然特性を計画に反映させること、また、1日24時間の生活、四季折々の生活、家族の成長とともに変わる生活など、時間を軸とした計画も大切にしています。

### 趣味は何ですか？

高校生の時に毎週のように登った双石山に、ここ7年間ほど月に4回のペースで登っています。この山は国の天然記念物に指定され、自然林としての植生が保護されているため、多様な植物に出会うことができます。またこの山を愛する人達との出会いも楽しみとなっています。

## その他の設計作品

■宮崎の家

敷地の広さや周辺環境を考慮して、2階にパブリックスペースを設けた家。（以下2件も同じ）

■高鍋の家

■浜町の家

上右／芝生庭より布団干場と駐輪場を見る
上左／玄関へのアプローチ
下／建物夜景

**設計データ**

- 敷地面積…240.35m²（72.70坪）
- 延床面積…128.56m²（38.88坪）
  1階／53.32m²（16.12坪）
  2階／75.24m²（22.76坪）
- 竣工年…2018年
- 用途地域…第一種低層住居専用地域
- 建ぺい率…38.5%
- 容積率…53.4%
- 構造・規模…木造2階建
- 施工…株式会社協栄

[2F]

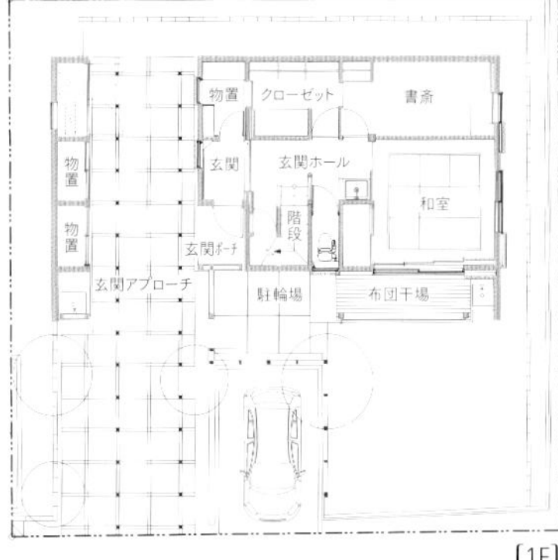


[1F]

上／食堂から居間と台所を見る
中／洗面脱衣から台所を見る
下／2階居間から夏恒例の花火が見える

# 建築家index

case 1
**一ノ瀬 勇**
㈱CASE

- 住所：〒810-0022
  福岡市中央区薬院2-3-30
  CASEBLDG 201
- TEL：092-735-1980
- FAX：092-735-1981
- URL：http://www.case-style.com
- E-mail：info@case-style.com

case 2
**井本重美**
IMOTOアーキテクツ（㈱無重力計画）

- 住所：〒812-0028
  福岡市博多区須崎町7-4-1 大黒館
- TEL：092-273-1233
- FAX：092-273-1236
- URL：
  http://www.mujuu.co.jp/imotoarchi/
- E-mail：m@mujuu.co.jp

case 3
**大場 浩一郎**
アトリエスクエア1級建築士事務所

- 住所：〒810-0014
  福岡市中央区平尾3丁目22-3
  平丘ビル3階
- TEL：092-524-3181
- FAX：092-524-3181
- URL：http://www.at-square.com
- E-mail：square1@at-square.com

case 4
**梶垣 宏**
梶垣建築事務所

- 住所：〒815-0063
  福岡市南区柳河内2-8-16
- TEL：092-512-4765
- FAX：092-512-4765
- URL：https://www.kajigaki-ao.com
- E-mail：info@kajigaki-ao.com

case 5
**佐藤正彦**
㈱アーキテクト憧

- 住所：〒810-0041
  福岡市中央区大名1-8-18
  Royal Parks大名302
- TEL：092-762-2100
- FAX：092-762-2101
- URL：
  https://www.architect-show.com/
- E-mail：sato@architect-show.com

case 6
**渋田耕治**
渋田建築計画事務所

- 住所：〒814-0111
  福岡市城南区茶山5-11-23
- TEL：092-400-8814
- FAX：092-400-8835
- URL：http://www.unit-h.com/
- E-mail：shibuta@unit-h.com

case 7
**永田 恵美子**
永田建築工房 一級建築士事務所

- 住所：〒819-1331
  糸島市志摩久家2890
- TEL：092-328-2970
- FAX：092-328-2970
- URL：http://www.nagata-arc.jp
- E-mail：contact@nagata-arc.jp

case 8
**西岡利夏**
ソルト建築設計事務所

- 住所：〒810-0014
  福岡市中央区平尾3-17-12-302
- TEL：092-791-9037
- FAX：092-791-9037
- URL：http://www.salt-arch.com
- E-mail：info@salt-arch.com

case 9
**松山将勝**
㈱松山建築設計室

- 住所：〒812-0011
  福岡市博多区博多駅前4-25-14
  ヒロビル8F
- TEL：092-433-1128
- FAX：092-433-1138
- URL：http://www.matsuyama-a.co.jp/
- E-mail：info@matsuyama-a.co.jp

case 10
**三角健晃**
田村の小さな設計事務所

- 住所：〒814-0175
  福岡市早良区田村7-10-15
- TEL：092-863-1887
- FAX：092-863-1887
- URL：https://www.tamura-archi.com/
- E-mail：misumi_archi@ybb.ne.jp

case 11
**森 裕**
㈱森裕建築設計事務所

- 住所：〒815-0032
  福岡市南区塩原4-5-31
- TEL：092-542-2707
- FAX：092-542-2711
- URL：https://www.maostyle.com
- E-mail：info@maostyle.com

case 12
**柳瀬真澄**
柳瀬真澄建築設計工房

- 住所：〒810-0024
  福岡市中央区桜坂1-8-3
  ホッホバウム桜坂 002号
- TEL：092-761-8003
- FAX：092-761-0840
- URL：http://www.yanase-arc.com/
- E-mail：light-m@yanase-arc.com

case 13

**矢作昌生**

矢作昌生建築設計事務所

- 住所：〒813-0001
  福岡市東区唐原5-10-8
- TEL：092-719-0456
- FAX：092-719-0455
- URL：http://www.myahagi.com/
- E-mail：info@myahagi.com

case 14

**三原宏樹**

㈱アルフデザイン

- 住所：〒849-0937
  佐賀市鍋島3-5-26
  アルフデザインビル1F
- TEL：0952-33-8961
- FAX：0952-33-8962
- URL：http://www.alph-design.com
- E-mail：mihara@alph-design.com

case 15

**堺 武治**

一級建築士事務所
堺武治建築事務所

- 住所：〒861-4101
  熊本市南区近見2-13-29
- TEL：096-353-0805
- FAX：096-353-0809
- URL：
  http://www.sakai-takeharu.com/
- E-mail：info@sakai-takeharu.com

case 16

**西山英夫**

西山英夫建築環境研究所

- 住所：〒860-0047
  熊本市西区春日1-14-23
  グリーンコーポ熊本412
- TEL：096-351-1215
- FAX：096-351-1215
- URL：http://www.hn-aa.com
- E-mail：hnaa@hn-aa.com

case 17

**村田明彦**

㈱村田建築設計所

- 住所：〒865-0025
  熊本県玉名市高瀬395
- TEL：0968-57-9858
- FAX：0968-57-9868
- URL：http://www.arch-mura.com/
- E-mail：aki@arch-mura.com

case 18

**石躍健志**

㈱石躍健志建築設計事務所

- 住所：〒880-0873
  宮崎市堀川町18-10 AKHC 101
- TEL：0985-71-2026
- FAX：0985-71-3348
- URL：http://www.odr-a.com
- E-mail：ishiodori@odr-a.com

case 19

**大薗貴洋**

㈱ライフ建築設計事務所

- 住所：〒885-0081
  宮崎県都城市鷹尾3-11-2
- TEL：0986-22-6120
- FAX：0986-51-5667
- URL：http://life-archi.net
- E-mail：ozono@life-archi.net

case 20

**河野秀親**

レモン設計室

- 住所：〒888-0013
  宮崎県串間市東町19-15
- TEL：0987-72-5489
- URL：
  http://www.lemon-kushima.com
- E-mail：
  popolemo@lemon-kushima.com

case 21

**柴 睦巳**

柴設計

- 住所：〒880-0841
  宮崎市吉村町西田甲643-5
- TEL：0985-32-0866
- FAX：0985-32-0867
- URL：https://sites.google.com/
  site/chaisheji/
- E-mail：aad13211@pop07.odn.ne.jp

# 九州の建築家とつくる家 3
**住まいづくりを楽しむために**

2020年2月1日初版発行

**編集**……………… 建築ジャーナル

**発行所**……………… 企業組合 建築ジャーナル
〒101-0032 東京都千代田区岩本町3-2-1
共同ビル新岩本町4F
TEL：03-3861-8101
FAX：03-3861-8205
URL：http://www.kj-web.or.jp

**装幀**……………… 村上 和

**本文デザイン**…… 村上 和＋山内 宏一郎（SAIWAI DESIGN）

**イラスト**……………… 梶見希一（カバー）
古谷 萌（P. 8–12, 56）
赤川ちか子（P. 4–5）

**印刷・製本**………… 株式会社 明祥

定価はカバーに表示されています。
ISBN978-4-86035-114-4